# 千載一遇の金融大波乱

2023年
金利・為替・株価を
透視する

植草一秀
Kazuhide Uekusa

ビジネス社

# まえがき

## 暗雲垂れ込める2023年にチャンスあり

2022年11月8日、米中間選挙が実施されました。バイデン民主党が大敗し、上下両院の過半数を共和党が獲得することが予想されたのですが、上院では民主党が主導権を維持しました。下院では共和党が過半数を制圧したものの、大差での勝利にはなりませんでした。バイデン大統領は首の皮一枚でつながり、急激なレームダック化が回避される状況になりました。

共和党が大勝を逃した要因はトランプ前大統領が前面に出すぎたことにありました。トランプ支持者の層は厚く、熱狂的支持者が多数存在することは驚きとも言えますが、全米の過半数支持を得る状況にはありません。共和党支持者のなかにもトランプ大統領から距離を置こうとする市民が存在します。共和党がトランプ党の色彩を強めたことが民主党支持者の投票意欲をかき立て、一部の共和党支持者の投票意欲を削いだ感がありました。

トランプ氏は大統領時に最高裁の共和党系判事の比率を大幅に高めました。その最高裁が中絶禁止の判断を示したことが中間選挙の争点に取り上げられ、民主党支持者の投票意欲を高めたことも共和党が大勝できなかった一因になりました。トランプ氏は突出した個人力を有するもしと感じさせるものです。禍福はあざなえる縄の如しと感じさせるものです。トランプ氏は突出した個人力を有するものの、国全体の主導権を握るには不足する部分があるのです。今回中間選挙の結果は2024年大統領選でのトランプ当選の困難さを示唆するものになりました。
ウクライナ戦乱の最大の責任者はバイデン大統領であるというのが筆者の洞察です。そのため中間選挙での民主党大敗が戦乱の状況変化をもたらす契機になると期待されたのですが、バイデン大統領の基盤は薄氷ではあるものの底抜けしなかったことで、ウクライナ戦乱の長期化が懸念される事態になりました。ただし、共和党が主導権を握る下院がバイデン一族のウクライナ不正疑惑に対する追及を強めて大統領弾劾訴追を検討する可能性があります。今後の米議会の動向に注意を怠れません。

**米中間選挙結果**（2022年12月7日時点）

| | 民主党 | 未決着 | 共和党 | 過半数 |
|---|---|---|---|---|
| 上院 | 51 | 0 | 49 | 51 |
| 下院 | 213 | 0 | 222 | 218 |
| 知事 | 24 | 0 | 26 | 26 |

**米国消費者物価指数**（2020年10月～2022年10月）

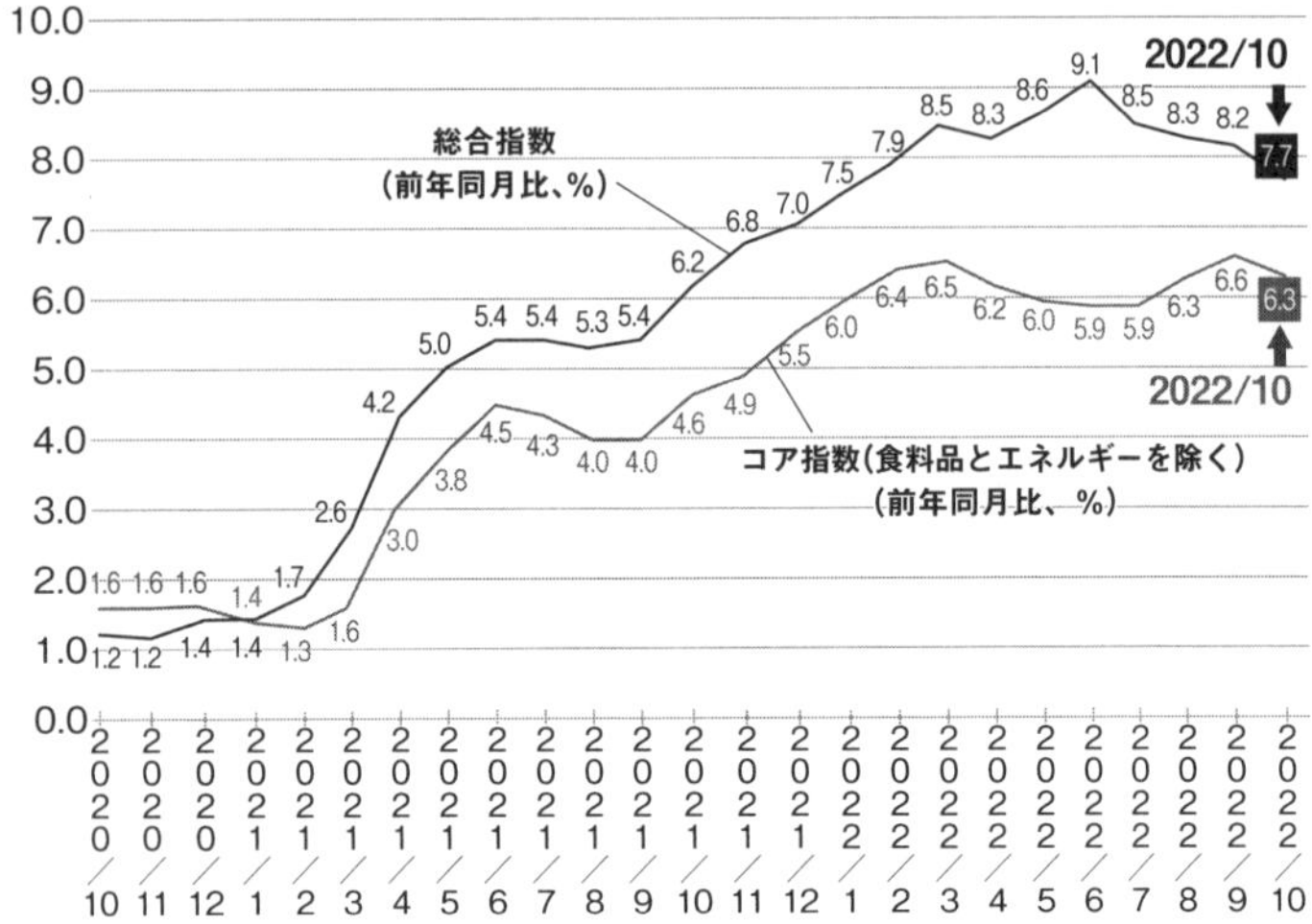


ウクライナ戦乱を背景に原油価格が急騰し、欧米でのインフレ問題が一気に拡大しました。この情勢変化に果敢な対応を示しているのが米国のパウエルFRB議長です。インフレ抑止という確固たる方針を明示した金融政策運営を展開しています。しかし、強力な金融引き締め政策が世界経済の後退という副作用をもたらすリスクを高めています。
米国中間選挙投票日直後に発表された米国10月消費者物価統計でインフレピークアウト楽観論が広がり、株式市場が中間選挙以上に反応しました。景気悪化とインフレピークアウトの狭間で金融市場の先行き見通しが大きく揺れ動く局面が到来しています。
中国では10月の共産党大会で習近平氏体制第3期入りが確定しました。不動産金融不況、コロナ後遺症が残存するなかで中国経済が最大の正念場を迎えています。コロナは最悪期を脱しているのに、日本政府はコロナを「死の疫病」とする指定区分に固執して経済活動正規化の重大な支障を生み出しています。岸田内閣の迷走にも拍車がかかり、日本は経済のみならず政治の側面でも混迷を深めようとしています。
暗雲垂れ込めるなかで2023年を迎えることになりましたが、ピンチのなかにこそチャンスが広がっています。夜明け前が一番寒いのです。寒風吹きすさぶ近年の日本にとって、この環境下で生存を果たしていくには自己防衛と果敢なチャレンジが必要不可欠です。金融大波乱と混迷の経済のなかに千金に値する大チャンスが潜んでいるのです。2013年、2017年に続く大躍進のチャンスが2023年の金融市場に潜んでいます。その謎解きを共有してビッグチャンスを分かち合うことができれば大変うれしく思います。

2022年12月
植草　一秀

## 第2章 力による現状変更と資源地政学



## 第3章 衰退日本経済の活路

# 第4章 中国大波乱の予兆

## 第5章　千載一遇　金融市場の極意

# 序章

# 震撼する新・帝国主義

## 世界を覆うバイデン・スタグフレーション

ニューヨークダウが史上最高値を更新したのは2022年1月5日のことで、株価は3万6952ドルでした。2009年3月のリーマン危機後の株価安値となった6440ドルから12年10か月を費やし、ニューヨークダウは5・5〜5・7倍の大暴騰を演じたことになります。

時計を巻き戻すと、2020年2月から3月にかけて、コロナショックが世界の金融市場を震撼させました。ニューヨークダウは2万9568ドルから1万8213ドルへと、わずか1か月で38・3パーセントも暴落したのです。

その株価が今度は2022年1月5日に3万6952ドルにまで急騰しました。2020年3月の株価暴落からわずか1年10か月で、ニューヨークダウは2倍の水準への暴騰を演じました。しかし、この宴は永続しませんでした。

2022年年初を境界線とし、新たな波乱が始動しています。2022年2月24日にロシアがウクライナに対し軍事作戦を始動させた戦争は当初、早期に終息するとの期待が生じていました。けれども戦端勃発から9か月が経過、収束の見通しは立っていません。

**NYダウ**（2019年11月～2022年11月）

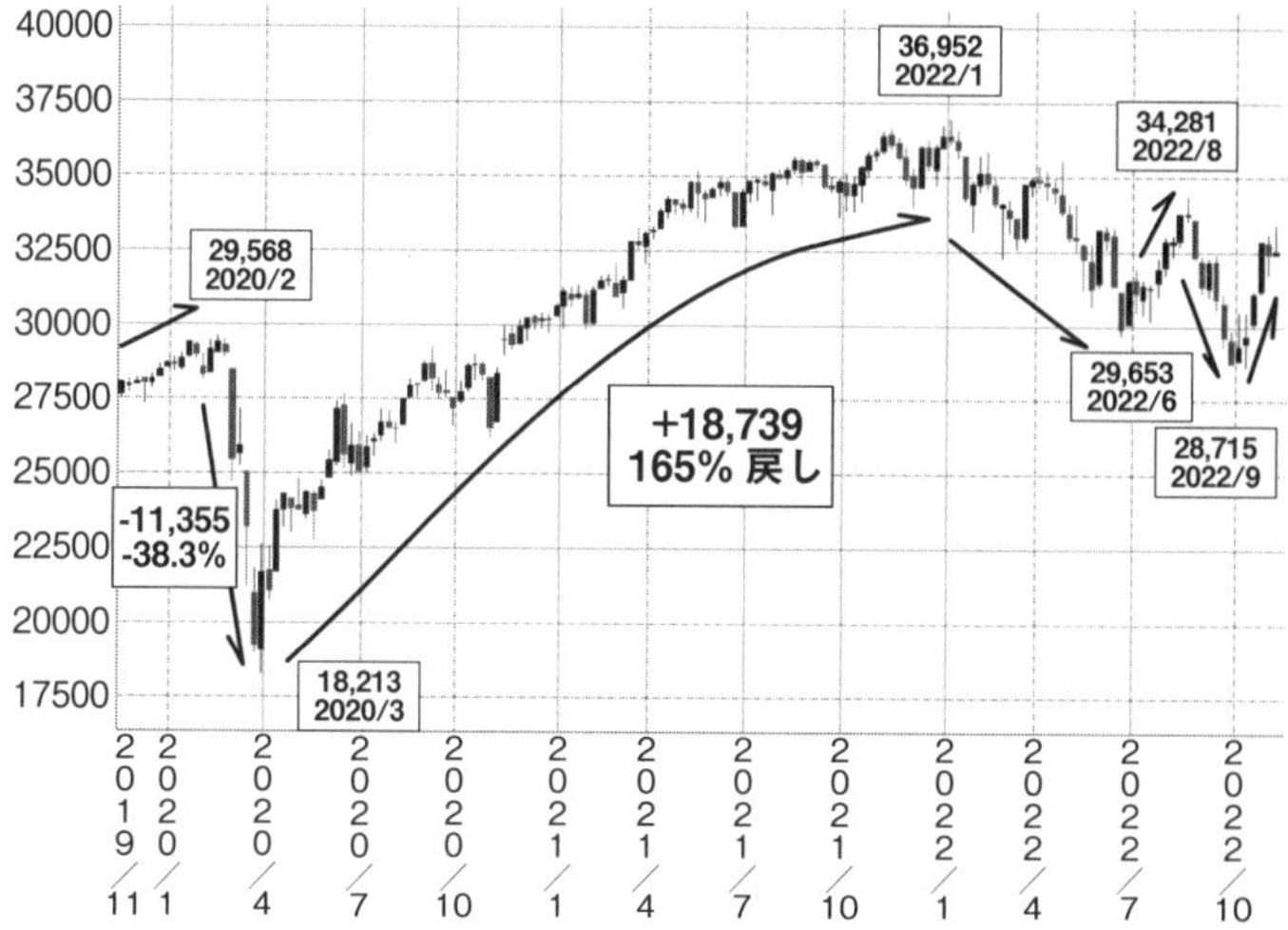


一方、日本経済は長期低迷を続け、賃金減少が続いています。団塊の世代はすでに退職世代に移行し、退職後の生活において多くの国民が生活防衛を強いられ、老後資金の防衛、増殖に努めなければなりません。
２０２３年に向けて世界経済、政治情勢には暗雲が立ち込めていると言わざるを得ないでしょう。新たな世界的な株価暴落、世界不況、さらに金融不安などの連鎖が警戒されています。
過去の株価暴落の局面を検証すれば、多くの場合にその〝出発点〟がニューヨーク市場であったことがわかります。米国の国力衰退が顕在化しているものの依然として、米国は世界経済に最大の影響力を持っています。ニューヨーク株価の暴落は、必ずや世界の株式市場に波及し、新たな大波乱を生じさせるのではないか。そんな強い警戒が広まっているのです。

私たちの目の前にある不安はこれだけではありません。

中国では2022年10月に5年に1度の共産党大会が開催されました。中国のトップである共産党総書記は2期10年を任期とし、10年ごとにトップリーダーの交代が繰り返されてきました。このなかで習近平氏は2022年10月の共産党大会において、異例の第3期への移行を確定したのです。新たな中国最高指導部の陣容については後述しますが、中国が新次元に移行したことは間違いないところでしょう。

ところが、この中国がいま、大きな不安に直面しています。2020年から世界を震撼させたコロナパンデミックに対して、中国は発生当初から現在まで一貫してゼロコロナ政策を堅持してきました。ゼロコロナ政策を堅持してきた事実は中国の技術力の高さを示すものであるとはいえ、その代償は決して小さなものではありません。コロナの毒性は変異を積み重ねるなかで低下しつつあるのに、ゼロコロナ政策を維持するために、経済停滞を招いてしまったからです。

他方で、これまでの極めて高い投資により支えられてきた中国経済は大きな調整局面を迎えています。過剰な投資は、過剰な生産能力、過剰な債務の蓄積をもたらしました。その一方で、最終需要の中核を占める個人消費が低迷すれば、経済は供給と需要のギャップにあえぐことになる。とりわけ不動産市場における過剰投資の後遺症が債務の不履行、過剰債務による経営危機などのかたちで噴出し始めているのです。

1990年代以降の日本経済が不動産融資を中軸とする不良債権問題にあえぎ、失われた10年、20年、30年を経過してきたことは記憶に新しい。これと類似する問題が中国経済の地下に蠢いているのです。

さらに重要な問題は、第3次世界大戦勃発リスクの拡大でしょう。

ウクライナ戦争の長期化は、ロシアによる部分的な核兵器使用、あるいは原発に対する攻撃の激化というリスクをはらんでいます。ウクライナ戦争の実相は「ロシア対NATO」、あるいは「ロシア対米国」であり、米国を基軸とするNATO諸国の巨額の軍事支援がウクライナを支えているわけです。ロシアが部分的核兵器使用に踏み切れば、NATOは直ちに報復措置を取ることをすでに明言しています。ウクライナを端緒とする第3次世界大戦の突発も机上の空論ではなくなっているのです。

さらにこの戦争との連想で警戒が生じているのが、極東情勢ではないでしょうか。かねてより日中関係の悪化が〝創作〟されてきました。その背後に米国の工作が存在したことは、紛れもない事実なのです。米国の軍産複合体は、米国が決して痛むことも傷つくこともない遠隔地における戦争創作に注力してきました。

繰り返しますが、ウクライナ戦争に類似した新たな戦争が極東で創作されるリスクが拡大しつつあるのです。極東で戦乱が創作されるときに犠牲になるのは、戦地となる戦場に住む人々と戦場の最前線に送り込まれる両陣営の末端兵士であるのは言わずもがなでしょう。ウクライナにおいても、戦場に送り込まれた末端の兵士と戦場に居住する住民が犠牲者です。極東においても新たな戦争が創作されれば、世界経済、世界金融市場への影響も決して小さなものでは済みません。


こうした緊迫した情勢のなかで、私たちは2023年を迎えることになります。

米国ではFRBが極めて激しい勢いで金融引き締め政策を遂行しているところです。米国のインフレ率は、すでに40年ぶりの高水準に移行しており、FRBはインフレ鎮静化こそ最優先課題であることを明言し続けています。

こうした極めて強固な金融引き締め政策とインフレの進行により、2023年の世界経済が深刻な不況に突入するとの見立ては、かなり有力です。過去の株価変動を検証するならば、株価暴落、株価急落が極めて深刻になるのは、金融引き締め期ではなく、金融引き締め後に到来する景気後退局面なのです。

金利引き上げが遂行される局面は、経済が緊張を維持している局面でもあり、過去の事実は株価の堅調推移を示してきました。2023年に世界経済が不況に突入するのであれば、世界的な株価の下落を警戒しなければなりません。

1929年の株価暴落に端を発する世界大恐慌はいかなるメカニズムで発生したのでしょうか。新たな世界恐慌の発生、金融大パニックの発生を警戒する論者が増加している。このような局面で現実を左右するのが金融政策の対応です。

2022年のノーベル経済学賞が、世界恐慌の研究者でFRB元議長のベン・バーナンキ氏に付与されました。世界恐慌の研究の教訓から、2007年から2009年にかけてのリーマン・ショックへの対応策が評価されたのです。ただし彼の金融政策対応には功罪両面を有すると筆者は考えます。それでも金融恐慌の深刻化を回避させるためのFRB対応をノーベル財団が重要視したとの評価は可能でしょう。

金融政策の対応により現実の行く末は大きく変化します。1930年代にかけての世界恐慌が再現されるのか、あるいはそのような深刻な事態が回避されるのか。それは2023年の重要な現実問題となります。

2022年に世界の金融市場が極めて深刻な状況に転落した最大の背景は、ウクライナ戦乱でした。それでは戦乱は何によってもたらされたものでしょうか?

米英を基軸とする西側メディアはウクライナを正義とし、ロシアを悪魔の帝国と位置づけています。しかしながら、この見立ては米国の主導するプロパガンダに過ぎません。実際に戦乱を生み出した首謀者の〝核心〟は、ジョー・バイデン米国大統領にあるからです。

バイデン大統領の策謀により、この戦乱は引き起こされたのです。そして、これを主たる要因とし、40年ぶりのインフレが創出されました。この対応策として、FRBは猛烈なる金融引き締め政策を実行しているところです。このことによって世界経済がいま、インフレと景気後退の同時発生、すなわちスタグフレーションに直面しているのです。2022年に顕在化したスタグフレーションは**「バイデン・スタグフレーション」**と表現することができるでしょう。

このバイデン・スタグフレーションの重い影が2023年を襲うなかで、私たちはどのように未来を展望するか、同時に資産防衛、資産増殖のためにいかなる行動を取るべきでしょうか。


筆者は年次版TRIレポート「金利・為替・株価特報」を2013年以来、刊行し続けてきました。このなかで株式投資の重要な投資チャンスになるとの予測を提示したのが2013年と2017年でした。2013年版レポートでは2012年11月の金融政策の転換予測を踏まえ、為替と株価の大変動を予測しました。これを書籍化したのが2013年に刊行した『金利・為替・株価大躍動』（ビジネス社）です。

さらに内外株価暴騰の現実を的確に予測した書籍『反グローバリズム旋風で世界はこうなる』（ビジネス社）を刊行したのが２０１６年11月でした。トランプ氏が大統領選で当選すれば、ドルと株価の暴落が生じると、当時の金融市場は予言していました。ところが筆者は彼が選出されれば、内外株価は暴騰を遂げるとの圧倒的少数派の見解を提示したのです。現実にトランプ氏が当選すると、内外株価は大暴騰を演じました。

これに続き、筆者は２０２３年が千載一遇のチャンスの年になるとの洞察を提示しています。本書『千載一遇の金融大波乱』には、この暗雲の中に千載一遇のチャンスが潜んでいるとの洞察を含んでいます。「人の行く裏に道あり花の山」という相場格言があります。暗雲垂れ込め、危機が警戒される局面のなかにこそチャンスが潜むという意味です。

また「雲外蒼天」という言葉があります。暗雲垂れ込める暗い修羅場をくぐり抜けた外に蒼天が広がるという意味です。

２０２３年に向けて想定される内外の政治経済、金融の混乱を洞察し、そのなかに大きなチャンスを見出すこと、これが本書の主題です。

## 円暴落

日本円が暴落しています。

２０２２年10月にドル円レートは1ドル＝１５０円を突破しました。１９９０年以来、32年ぶりの円安ドル高水準です。しかし実態上は、１９９０年を上回る円安といえます。なぜなら この30年間の米国と日本の物価上昇率に大きな差があるからです。

米国の物価水準が2倍になり、日本の物価が不変であるとき、1ドルの購買力は半分になっている。1ドル＝１５０円だとしても、１５０円で購入できる財は半分に減っている。実質的には、1ドル＝３００円まで円安が進行しているのです。

日本の対外取引はドル建て取引がすべてではなく、多様な通貨との取引が行われています。物価上昇率の格差を調整した為替レートを実質為替レートと呼びます。多様な通貨との取引が存在するなかで、日本円の価値を貿易取引量のウエイトで加重平均して算出した為替を実効為替レートと呼びます。

日本円の総合的な評価として用いることができるのが「実質実効為替レート」なのです。この実質実効為替レートを計算すると、現在の日本円の水準は52年前の水準を下回っています。

**ドル円**（2012年11月～2022年11月）

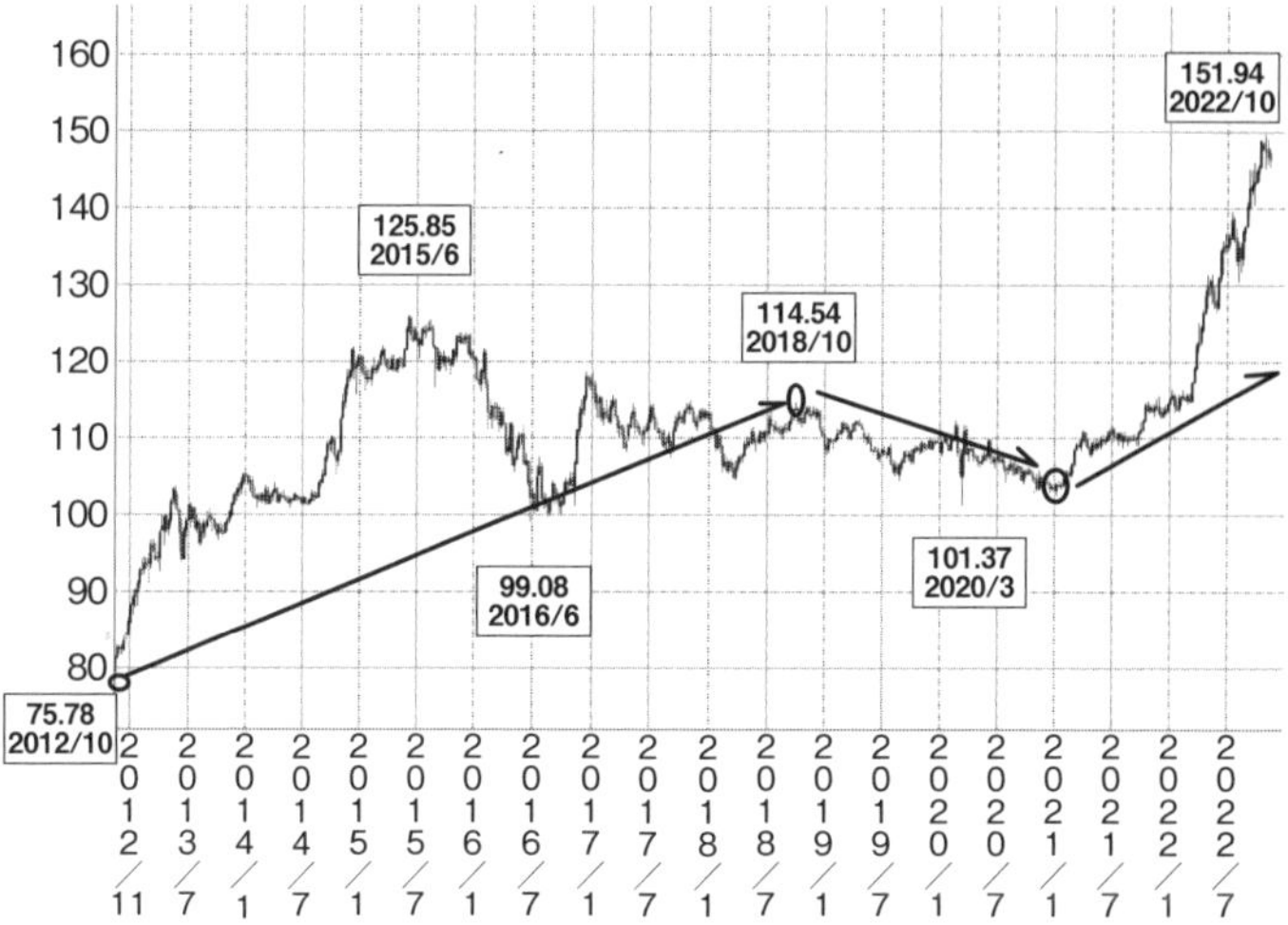


52年前といえば、１９７０年、ドル円レートが1ドル＝３６０円に固定されていた時代でした。この約50年前の1ドル＝３６０円よりも日本円の水準は円安に位置しており、価値が暴落しているのです。
国内だけを見れば、物価上昇率はさほど高い水準ではなく、日々の暮らしに急激な変化が生じていないように見えます。しかし日本の国民が受け取っている給料、そして保有している資産としての円資産の価値をグローバルスタンダードで表示すると、どうなるのでしょうか。
インフレ率の変動を勘案すると、かつての1ドル＝３６０円時代よりも円安に変化しているのです。日本のカロリーベースの食料自給率は38パーセント、つまり私たちの生存のために必要な食料エネルギーの62パーセントを海外に依存しています。その食料を私たちは海外から購入せざるを得ない。このとき日本円が52年前の水準にまで暴落していれば、日本国民は極めて高価な食材を買い求めなければなりません。

日本の国民が保有するなけなしの虎の子資産もグローバルスタンダードで評価するならば、その価値は激減しているのです。

日本銀行法は、日本銀行の目的が、「通貨及び金融の調節を行うこと」であると第1条で定め、第2条において「通貨及び金融の調節の理念として、物価の安定を図ることを通じて、国民経済の健全な発展に資することをもってその理念とする」としています。

つまり日銀の使命は物価の安定にあるのです。物価の安定とは言い方を変えれば、通貨価値の〝維持〟です。日本円という通貨の価値を維持することが、日銀の責務なのです。

日本円の価値の変動を示すものが物価変動率、インフレ率です。国内においてインフレ率は依然として低位に抑制されていますが、対外的に見れば日本円は暴落しているわけで、この日本円暴落は文字通り、通貨価値の暴落なのです。

日本国民は日本円で給料を受け取り、同時に貴重な資産を多くの人々が円資産で保有しています。その円資産の価値が激減しているわけです。

日本銀行は、物価の安定、すなわち通貨価値の維持を図るために、円防衛策を取らなければならない。ところが日本銀行の黒田東彦総裁は円安の進行について、全体として日本経済にプラスであるとの見解を示し続けてきました。また金融政策運営については、金融緩和政を維持することが適切であると主張し続けています。

この政策対応は明白な〝誤り〟です。

2012年12月に発足した第2次安倍内閣がアベノミクスと称する政策パッケージを提示しました。「3本の矢」が提示され、その第1の矢が金融緩和政策でした。黒田東彦氏は安倍内閣により、2013年3月に日銀総裁に任命されました。

日銀総裁の任期は5年、通例では1期5年で退任するところ、黒田総裁は異例の2期10年の任期を全うすることになったのです。この10年間、黒田日銀は金融緩和政策だけを実施し続けてきたものの、その業績は惨憺たるものでした。

2023年4月の任期満了を目前に控え、日本国内におけるインフレの進行のみならず、日本円大暴落という事態を引き起こしている。このことは、円資産を保有する日本国民に甚大なる〝損害〟を与えるものです。金融政策の是正が急務であると同時に、本書の主題である金融変動を洞察し、そのなかから最適投資戦略を構築するという立場に立脚するならば、為替市場で今後どのような変動が生じるのかを洞察することが必要です。

日本円の下落がさらに進行するのであれば、資産防衛の視点から保有資産を外貨資産で運用することを検討しなければなりません。しかしながら日本円の暴落が究極点にまで到達するのであれば、その後の為替変動は逆に円高に転換することになります。為替市場が円高に転換するとの洞察が成り立つ場合には、外貨資産は新規に購入するのではなく、保有分を売却することが適正な対応となるのです。

経済が激動し、株価の変動が拡大している状況下で、世界経済が不況に突入する可能性を秘めています。金利については、米国の金融引き締め政策を背景に長期金利の大幅上昇局面に直面している。金利為替株価の変動を予測し、その予測に適合する資産配分、投資戦術を構築しなければなりません。

同時にリスクを分散するために、資産を分割して運用することも検討しなければなりません。資産防衛の視点からはリスク分散が重要ですが、他方で資産の増大、資産拡大を目指すためには、一定のリスクテイク、リスクを取ることが必要になります。高いリターンは、リスクの見返りなのです。「虎穴に入らずんば虎児を得ず」の言葉があるように、リスクを取る見返りにリターンが期待されるのです。

最適資金運用戦略の構築には、マクロ経済情勢を含む内外の政治経済、金融情勢の洞察が不可欠です。そして、この洞察を的確に実現するためには、必ず**優れた水先案内人**が必要になります。重要なことは優れた水先案内人をいかに確保するかです。

個人の力には限界があります。仮に個人に大きな力がある場合でも、適切な水先案内人の提言を加味することは大きな強みになります。その水先案内人の役割を本書が担うことになります。

## ウクライナ危機の本質

的確な投資戦略を構築するためには、世界の運動法則、そして世界経済の運動法則を的確に捉えることが必須です。金融変動は単に経済現象を反映するだけでなく、世界情勢、政治情勢、地政学などの変化についても鋭敏に反応するものですから、そのすべての変動についての洞察を深める必要があるのです。

的確な投資戦略構築のためには、経済現象を分析するだけでは不十分です。経済変動には、常に政治の力学が影響を及ぼすからです。単なる経済現象を観察するという経済学ではなく、政治がもたらす経済現象の変化を考察する政治経済学の発想が必要不可欠になります。

世界のどこかで戦争が発生すれば、経済に重大な影響を与えるのは必至でしょう。運用を行う投資家は世界情勢を精査し、そのうえで投資資金を瞬時に国際間で移動させねばなりません。

地政学の変化、世界政治の流動化、そしてその政治現象から影響を受ける経済の変動を的確に分析することなしに、的確な投資戦略の構築はなし得ないのです。

２０２２年2月24日にロシアがウクライナにおける軍事行動を始動させ、中規模戦争が勃発しました。私たちはこの戦端の行末を洞察しなければなりません。

ただし気をつけなければならないことは、日本において流布されているメディアの情報に著しい〝偏り〟が存在することでしょう。放送法は第４条に、「意見が分かれる問題については、多角的な視点から報じなければならない」と定めています。

ウクライナ戦乱についての見方は、世界で大きく分かれています。しかし日本で流布される情報は英米が発する、いわゆる西側の情報です。このために問題の本質を見誤る恐れがあります。ウクライナ戦乱の実相、真相を見抜くためには、同国の歴史的経緯を踏まえることが必要です。ウクライナは、かつてソビエト連邦を構成する１つの共和国でした。ベルリンの壁が崩壊し、冷戦構造が終焉、ソ連邦が解体された経緯があります。そして１９９１年にウクライナは歴史上初めて独立を果たしたのでした。ウクライナとは、国家として独立してから31年の歴史しか持たない極めて歴史の浅い国なのです。そんな国において31年間に2度の政権転覆が生じた事象を考察します。

いずれも親ロシア政権が破壊され、親米政権が樹立されたものでした。この２００４年と2

014年の政権転覆の実相を知ることなしに戦乱を考察することはできません。それなのに日本における報道について申し上げると、歴史的経緯に触れるものは皆無に近いのです。

平和な国家ウクライナに突然、悪魔の帝国ロシアが軍事侵略した。この侵略者に対し、果敢に立ち向かう正義の旗手としてゼレンスキー大統領が描かれる。ところが同国の過去の歴史を知る者にとって、この図式は噴飯ものなのです。

米国を代表するアカデミー賞受賞監督であるオリバー・ストーン氏が、2016年にドキュメンタリー映画を制作しています。「ウクライナ・オン・ファイア」という映画です。2004年と2014年のウクライナ政権転覆の経緯について、事実を積み重ねるかたちで実相に迫ります。オリバー・ストーン監督は、自己の主張を全面に押し立てはしません。淡々と事実を映し出す映像を積み重ねて、映画を見る者が真実を知る手がかりを提供する手法を用いるのです。ウクライナ問題を理解するうえで、この映画を視聴することは必須と言ってよいでしょう。

2014年にウクライナのヤヌコビッチ政権が崩壊しました。暴力的革命により、正当性ある政権が破壊されたのです。暴力的革命によって樹立された政権は、憲法の正規の手続きによって創設されたものではありません。暴力革命により非合法政府が樹立されたものでした。この非合法政府を世界のなかでいち早く国家として承認したのが米国でした。

この政権転覆は、米国による「力による現状変更」と表現できるものでした。米国が外部から手を加えウクライナ政権を転覆し、樹立した非合法政府を直ちに国家承認したのです。その延長線上に現在のゼレンスキー政権が存在しているわけです。

この2014年の政権転覆において、米国の最高責任者の地位にあった人物がジョー・バイデン副大統領（当時）でした。

時代が下り、2020年の米大統領選挙で勝利を勝ち取ったのはバイデン氏でした。トランプ前大統領は最終的には上院の議決により否決されたものの、米国議会下院により弾劾訴追を決議されました。

同氏が大統領弾劾訴追を受けた理由の1つがウクライナへの干渉でした。トランプ大統領は、バイデン大統領候補のウクライナ疑惑に関する捜査をウクライナ検察当局とウクライナ政府に求めたとされています。火のないところに煙は立たぬと言いますが、バイデン氏のウクライナ疑惑は確かな火のある煙であったと筆者は考えます。彼が副大統領時代に次男ハンター・バイデン氏がウクライナの国営天然ガス会社ブリスマの非常勤取締役に就任し、5年間にわたって月収5万ドル（750万円）の報酬を受け続けたなどの深い関係にあるからです。バイデン副大統領は、ウクライナに巨大な利権を埋め込んでいたと思われます。

そのバイデン副大統領が2020年に大統領に選出され、2021年1月に46代米国大統領に就任したとき、ウクライナの大統領職にあったのがゼレンスキー氏。彼は2019年4月の大統領選挙で当選を果たしています。

ゼレンスキー大統領は、ウクライナ内部における内戦状態を解決し、和平を確立することを大統領選挙の公約に掲げていました。ところが米国大統領選挙でバイデン氏が当選を果たした後、ゼレンスキー氏の態度は一変しました。

ロシアとの軍事対決を辞さない〝好戦的〟な姿勢に転じたのです。2022年2月24日のロシアによる軍事作戦始動は、ロシアによる軍事侵略であると報じられたものの、実態は著しく異なっているのです。

国際紛争を解決するために武力を行使することは自制されねばならない。この意味で、ロシアの軍事作戦始動は非難されるべき対応です。しかしながら歴史的経緯を精密に分析すれば、ロシアがやむにやまれぬ状況下で軍事作戦を始動させたことがわかります。

同時に、ロシアによる軍事作戦を積極的に挑発したのが米国でした。

ロシアによるウクライナに対する軍事作戦が始動して、すでに9か月の時間が経過しました。ロシアはウクライナ東部及び南部の4州を制圧しました。4州とはドネツク、ルガンスク、ザポリージャ、ヘルソン。しかし米国の支援を受けるウクライナの反攻により、ヘルソン州のドニプロ川北岸地域を喪失しています。

すでにクリミア半島は2014年政変の際にロシアに編入されています。この4州においてロシアは住民投票を実施し、ロシア領に編入しました。しかしながら、この4州編入を非難する決議が国連総会で採択されています。ロシアによる編入を認めない国家が143か国存在するのです。両国間で戦端が展開されている戦争状態にあるものの、ロシア対ウクライナという単純な構図ではありません、ウクライナのロシアに対する反撃を支えているのは、米国を基軸とするNATOが提供する巨大な軍事支援です。

米国製の最新鋭兵器が膨大に提供され、この最新兵器によって反撃を展開している南部諸州において、ウクライナが制圧された領土の一部を奪還する動きを展開しています。しかしながら2022年10月以降、戦況は大きな節目を迎えることになります。ウクライナ全土が冬を迎えるためです。

同地の冬は寒冷そのもの。首都キーウが所在する位置は北緯50度線上で、これを日本に当てはめれば、北海道の北方にある樺太を南北に分割するラインが同緯度となります。冬の厳しさが推察されます。ウクライナの冬季に照準に当て、ロシアがライフラインに対する攻撃を強めています。ロシアからウクライナ、ならびに欧州諸国に対する天然ガス供給が途絶える可能性も指摘されています。

この冬期をウクライナが乗り越えることができるのかどうか。これが戦況を左右する最重要の要因になると思われます。

ウクライナの戦端を引き起こした本当の主導者は、米国のネオコンです。

米国のネオコンは、米国の価値観を〝絶対的〟なものと位置づけています。この価値観を全世界に埋め込むことを是とし、米国が正義と考える思想、哲学を他国に埋め込むために、必要があれば軍事力の行使も辞さないとしています。それが米国のネオコンの立場なのです。

そしてバイデン大統領は、このネオコン勢力、米国軍産複合体と〝直結〟する大統領なのです。

それでは米国を支配する真の支配者は誰なのか？　真の支配者はディープステイトと呼ばれるようになりました。ネオコンを支配する真の支配者は巨大資本である金融資本、軍事資本、そしてグローバルに企業活動を展開する多国籍企業に他なりません。この巨大資本こそが米国の支配者であり、米国大統領は常にこの勢力の支配下に置かれるのです。

唯一の例外がトランプ前大統領であったと言ってよいでしょう。この巨大資本は、その論理に従って世界戦略を展開しているわけです。

巨大資本の世界戦略を示す言葉のひとつに「ワシントンコンセンサス」があります。198

9年に米国の国際経済学者ジョン・ウィリアムソン氏が定式化した経済用語です。この言葉の意味を理解することは、世界の運動法則、世界経済の運動法則を理解するうえで必須です。

1980年代に先進諸国の金融機関、IMF、世界銀行を動揺させた途上国累積債務問題が顕在化しました。この問題への対応として10項目の政策が列記されました。財政赤字是正、補助金カット、税制改革、金利自由化、為替レート是正、貿易自由化、直接投資促進、国営企業の民営化、規制緩和、所有権法確立の10項目でした
経済危機が発生した国に対し、IMF、世界銀行が経済再建のためのプログラムを強要しました。経済危機に乗じた経済体制の強要は「ショックドクトリン」と表現されました。とりわけ重要な施策は、社会保障を圧縮する小さな政府、規制撤廃、民営化、そして市場原理でした。2001年以降の日本を席巻した新自由主義経済政策の原型がワシントンコンセンサスのなかに含まれていたのです。

米国を支配する巨大資本は、ネオコンの行動様式とワシントンコンセンサスを車の両輪として世界制覇に向けて突き進んでいるのです。繰り返しますが、ネオコンの行動様式は米国が掲げる価値観を埋め込むために軍事力の行使を辞さないとするものです。

そして世界経済を支配する巨大資本は、世界全体を市場経済化するとともに、世界経済全体を巨大資本の収益最大化の対象として制覇することを目論んでいるのです。

筆者は、この運動法則を**「21世紀型　新・帝国主義」**と表現しています。

米国の支配者が目論む終着点は、巨大資本による一極世界「ワンワールド」の構築と思われます。かつてダボスの国際会議において、「ニューワールドオーダー」なる言葉が用いられたことがありました。近年、これは「グレートリセット」という言葉に置き換えられていますが、いずれも同じことを指しているのです。

米国を支配する巨大資本が世界をワンワールドとし、巨大資本の利益極大化を究極の段階にまで押し進めようとしているのです。

この大きなグランドデザイン、図式のなかにウクライナ戦端を位置づけることが必要です。世界を動かす運動法則、そして世界経済を動かす運動法則を洞察し、そのなかに世界のさまざまな変化を読み抜いていく。この視点が経済、金融情勢分析、そして最適投資戦略構築上、必要不可欠なものであるのです。

## 第3次世界大戦の予兆

核兵器保有による戦争抑止の理論、核抑止論の根幹をなす考え方が**相互確証破壊**、「ミューチュアル・アシュアード・ディストラクション（MAD）」というものです。

「相互確証破壊」とは、核兵器を保有して対立する2か国のどちらか一方が相手に対し、先制的に核兵器を使用した場合、もう一方の国家は破壊を免れた核戦力によって確実に報復することを保証する状態を指します。

これが成立する状況下では、仮に一方の国が核攻撃を行ったとしても相手国の核兵器により甚大な被害を受けるため、この二国間において核戦争を含む軍事衝突は理論上発生し得ないということになります。

米露の2大国が保有する核兵器能力は、地球全体を破滅させるに十分な威力を有しています。ひとたび本格的な核攻撃が行われれば、地球が滅亡するこの現実を冷静に踏まえるならば、核先制攻撃を始動させることはできない。これが相互確証破壊に基づく、核兵器による戦争抑止のメカニズムです。

しかしいま、この核抑止論が揺らいでいるのです。

戦乱は長期化し、実質的に戦争がロシア対NATO、ロシア対米国の代理戦争と化しています。ウクライナ軍が展開する攻撃のほぼすべてが米国およびNATO諸国が提供する軍事支援物資によって賄われているからです。

このために、ロシアが支配下に置いたウクライナ南部、東部4州に対するウクライナ側の反撃が展開されており、ロシアが停戦交渉を呼びかけるが、ウクライナは交渉を〝拒絶〟しているのです。ウクライナは米国を軸とするNATO諸国が無制限に兵器を供給することを前提に、戦争の拡大と長期化を推進しています。この状況下でロシアが部分的な核兵器使用、あるいは原発に対する攻撃を激化させる可能性が浮上しているのです。

米国を中軸とするNATOはロシアの行動に過敏に反応しています。ロシアが部分的であっても、核兵器使用に踏み切る場合、NATOとして軍事行動を始動させることを示唆しています。つまり偶発的事態が全面的な交戦状態、ひいては核兵器使用の全面戦争に移行するリスクが浮上しているわけです。

米国の軍事産業は、世界最大の産業であると言っても過言ではありません。武器、弾薬、兵器のハードウェアのみで、年間売上40兆円ないし50兆円の超巨大産業なのです。日本の原子力産業が大きすぎて潰せないと言われてきましたが、事業規模は年間ベースで3兆円に届きません。

この世界最大の巨大産業が存続し続ける必須の条件が10年に1度の〝中規模戦争〟なのです。第2次大戦後、10年に1度の中規模戦争が遂行され続けてきました。朝鮮戦争、ベトナム戦争、湾岸紛争、湾岸戦争、アフガニスタン、イラク戦争、そして今次のウクライナ戦争です。

米国の軍産複合体は、10年に1度の中規模以上の戦争を必要不可欠としているわけです。米国から遠く離れた地点での戦争遂行は、米国軍産複合体にとって〝福音〟に他なりません。米国民に犠牲は生まれず、利益だけがもたらされる。この図式の戦争が極東地域で展開される計画が存在するのです。

それが「台湾有事」です。

ウクライナの事例が示す通り、戦争が発生したときに犠牲になるのは戦地の市民であり、前線に送られる末端の兵士なのです。戦争を遂行する者は安全な場所に身を隠し、軍事産業は巨大利益に潤う。この構図の戦争が極東地域で創作される場合も、犠牲になるのは戦地の市民であり、戦場に送り込まれる末端の兵士ということになります。

米国の軍産複合体は自らの産業の存続のために、人為的に戦争を創作する活動を活発化しています。ウクライナ戦乱での巨大な利得発生の2匹目のドジョウを東アジアで模索しているのです。トランプ前大統領は、北朝鮮と米国との和平確立を目指しました。しかしながら、その目論見は挫折しています。米国軍産複合体が横やりを入れ、和平成立を妨害したためでした。

問題は、戦争が偶発的要因により変質することがありうる点でしょう。ロシアが部分的であれ、核兵器使用に踏み切る。あるいは原発攻撃を本格化させれば、その影響は図りしれません。戦乱のエスカレーションは際限を持たない。

第3次世界大戦が没発するリスクは、急激な勢いで高まっているのです。現実に事態がどの方向に変化するのか、冷徹な見極めが求められています。

## トゥキュディデスの罠にあえぐ米国

古代アテネの歴史家トゥキュディデスにちなむ言葉に**「トゥキュディデスの罠」**があります。従来の覇権国家と台頭する新興国家とが、戦争が不可避な状態にまで衝突する現象を意味する、米国政治学者グレアム・アリソン氏が作った言葉です。紀元前5世紀のスパルタとアテネによる緊張関係への言及から作られた言葉です。

スパルタとアテネの戦争を不可避なものにした原因は、アテネの台頭とそれによって引き起こされたスパルタの恐怖心でした。

第2次大戦後、米ソ冷戦の時代が続いたのちにその冷戦が終焉し、先にも記した通り、世界唯一のスーパーパワーに君臨した米国が、米国の価値観を他国に埋め込み、米国を支配する巨大資本による世界一極経済の構築を目指して動いています。

米国による世界制圧、米国による世界安定の時代が続いてきました。しかし、この米国一国支配の構造に立ちはだかる大きな影が急速に世界を覆いつつあるのです。中国の台頭です。

名目ＧＤＰの推移をご覧いただきたい。世界最大の経済大国は米国です。しかし、この米国を急速に追い上げる第2の経済大国が中国。日本はかつて世界第2位の経済大国の地位にありましたが、１９９５年以降の約30年間、成長を完全に失い、２０１０年前後に、日本経済は中国経済に追い抜かれました。その後、日中の間には埋めることのできない巨大な格差が広がっています。

１９９５年を１００とした各国のＧＤＰ推移を見ると、２０２０年までの25年間に、米国経済は２７３にまで成長しています。つまり25年間で約3倍の規模に拡大したのです。同じ期間に中国経済は２０３４、すなわち20倍の規模に達しました。

日本の２０２０年のＧＤＰ水準は91でした。25年前の水準よりも縮小している世界最悪の経済停滞国と言ってもいいでしょう。そんな日本と世界最大の高成長国の中国との格差が広がったのは当然といえます。

その中国が経済分野において世界第1位の地位を獲得するための構想が開示されました。「中国製造２０２５」というものです。

次世代情報技術、バイオ医薬・高性能医療機械、航空・宇宙装置設備、海洋エンジニアリング・ハイテク船舶・高度なデジタル制御の工作機械・ロボット、省エネ・新エネ自動車、新素

## 各国名目GDP推移（米ドル表示、1995年～2020年）

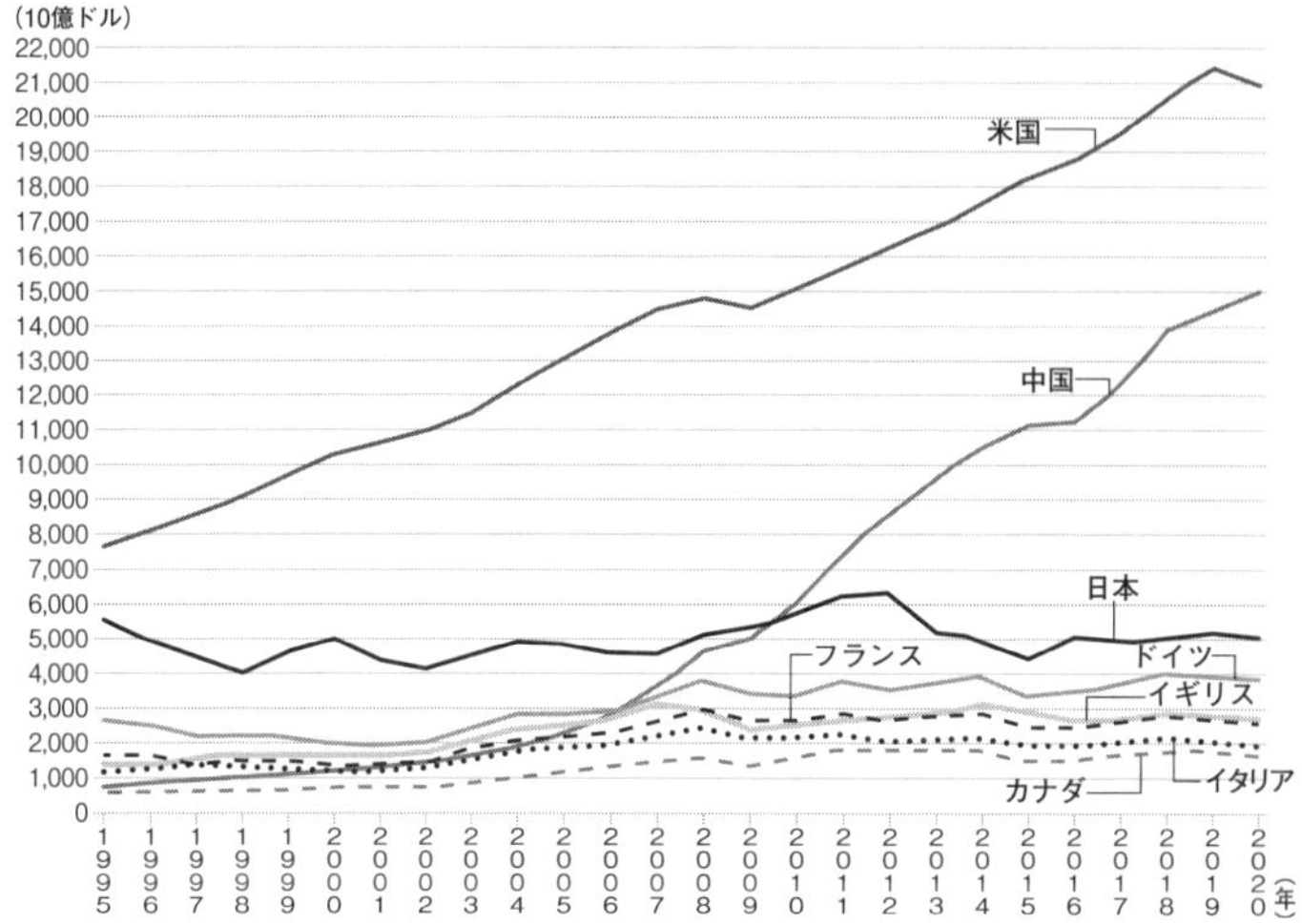


## 各国名目GDP指数推移（1995年＝100、1995年～2020年）

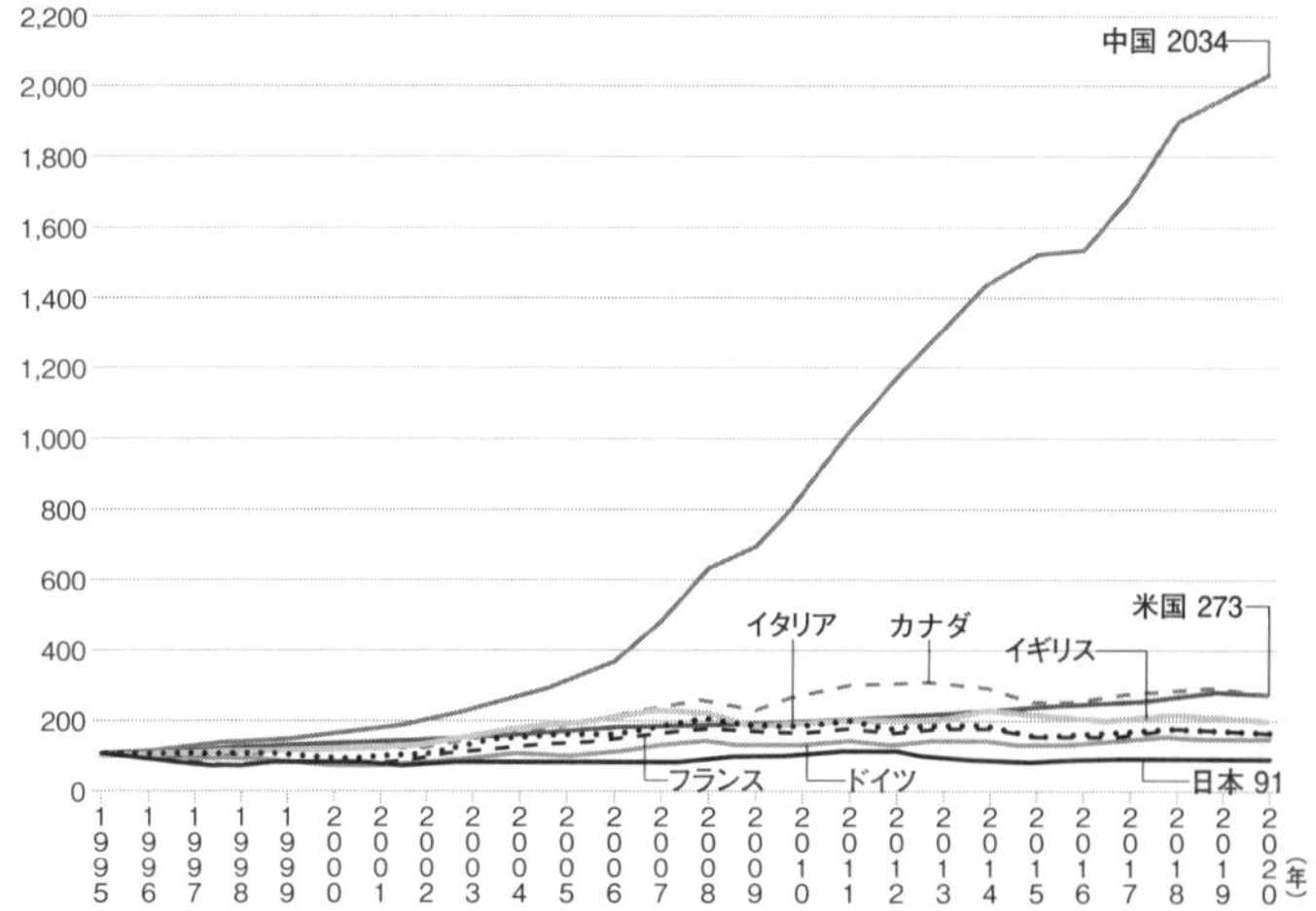

材、電力設備・農業用機材・先端的鉄道設備。以上の10分野において、世界第1位の産業技術確保に向けて、中国が明確な方針を定めたのです。

ＣＩＡが公表している「ワールドファクトブック」では、すでに購買力平価の実質ＧＤＰにおいて中国は米国を上回っています。軍事面においても中国の激しいキャッチアップが展開されて米軍の優位が揺らいでいることを米国の軍事専門シンクタンクであるランド研究所が明らかにしています。

中国の国力増強の激しい追い上げに対し、米国の緊張感は一気に拡大している。そうした米国の焦燥感を端的に示したのが、２０１８年10月にハドソン研究所で行われたペンス副大統領の演説でした。

ペンス副大統領は、中国政府の不正な行動を激しく非難し、「この中国の脅威を排除することこそ、米国の最重要戦略である」と明示しました。

１９４７年3月にトルーマン大統領が特別教書演説を行い、「共産主義化しかねないギリシャに対する支援」を表明しました。この特別教書演説が「トルーマン・ドクトリン」と呼ばれるもので、米国の外交基本政策の基軸がソ連封じ込めに転換した象徴とされたのです。これと類似した位置づけを持たせることができるのが、２０１８年10月の副大統領演説といえるのです。ペンス副大統領は、「中国政府が政治経済、軍事的手段とプロパガンダを用いて、米国に対する影響力を高め、米国国内での利益を得るために、政府全体でアプローチをかけている」と警告を発しました。

経済の圧倒的なシェアを占めるために中国政府はロボット工学、バイオテクノロジー、人工知能など世界の最先端技術の90パーセントを支配することを目指し、米国の経済的リーダーシップの基盤である知的財産をあらゆる手段を用いて取得するよう指示しました。

同時に中国がアジア、アフリカ、ヨーロッパ、ラテンアメリカ諸国に対し、借金漬け、外交を利用して影響を拡大していること。さらに中国共産党が米国企業、映画会社、大学、シンクタンク学者、ジャーナリスト、地方の州連邦当局者にさまざまな金銭的アプローチを行い、支配力を強めていることを警告しました。

ペンス副大統領は同時に、中国が2018年の中間選挙、2020年の大統領選挙への干渉を強めることに警告を発しました。加えて米国は中国に対し、貿易障壁の撤廃、経済の完全な開放、そして中国による米国の知的財産の窃盗に対して断固とした姿勢で臨むことを表明しています。


急激な勢いで影響力を強める中国に対し、米国が焦燥感を強めている図式のなか、両国の衝突が避けられないという状況が日増しに強まっているのです。まさに「トゥキキュディデスの罠」に米国は陥っているといえるでしょう。

当時のトランプ大統領はペンス副大統領が示した認識の上に立ち、中国に対する苛烈な経済政策対応を示しました。それが「米中貿易戦争」でした。

中国から米国に供給される資材・サービスに対する高率関税を米国が一方的に宣言した米中貿易戦争の第1段階は、2020年1月15日に合意文書への署名が行われました。激しい米中間の貿易戦争は、とりあえず第1ラウンドに終止符を打ちました。中国からの物資の供給に対し高率関税を適用することが、米国消費者の利益を損なう側面が急速に高まった背景が横たわっていたからです。

米中貿易戦争における高率関税適用は 第1弾から第4弾まで展開されました。2019年12月に発効した第4段階の関税率引き上げにおいては、中国による部品の提供が、米国消費者の最終需要において圧倒的シェアを占める製品にまで及んだのです。これに高率関税を適用することが米国消費者の利益を損ねる側面が浮上したため、最終的に米国政府が譲歩して決着が図られました。

こうした米中の関係悪化、抗争激化がいま世界経済に重い影を落としているのです。すでに世界第2位の経済大国に発展した中国経済の停滞は、取りも直さず世界経済全体の停滞につながるからです。

軍産複合体と直結するバイデン大統領が引き起こす戦争がスタグフレーションという重大な経済問題を発生させていますが、その前のトランプ大統領が展開した米中貿易戦争は、中国経済悪化を通じ、現在の世界経済下方圧力として作動しているのです。

米国はロシア殲滅《せんめつ》を目標にウクライナでの戦争を創作しましたが、米国にとっての本当の〝標的〟は中国です。ウクライナに続き、極東では中国との戦争を創作する動きを軍産複合体が強めています。

これらの問題が集積して、すべて重なり合うのが2023年の展開であり、予断を許さない状況が続きます。しかし、その波乱の終局が新たな蒼天の新天地を切り開くきっかけになることが想定されるのです。世界の政治、経済、地政学の展開を読み抜き、これを投資戦略の構築に生かさねばなりません。

## 変貌する「国際社会」

日本のメディアはウクライナ戦乱を報道する際に「国際社会」なる言葉を多用します。

「ロシアによる侵略」「正義の国ウクライナの防戦」。

国際社会は声を揃えてロシアを非難し、ウクライナを支援しなければならないとしています。

世界は1つ。国際社会はロシアを〝悪〟と位置づけ、ウクライナを〝正義〟と位置づける。これが暗黙の前提とされています。

2022年9月21日付の日経新聞に日経新聞自身が奇怪な全面広告を掲載しました。それは「偏向報道の雄」と表現できる同紙にふさわしくない全面広告でした。

タイトルは、どうしてこうなったのかクエスチョンマークです。「ロシアのウクライナ侵攻を非難しているのは、世界人口のわずか36パーセント」という表現で、大きな円グラフが表示されたのです。

ロシアのウクライナ侵攻を非難しているのが36パーセント。ロシアに同調しているのが32パーセント。中立が32パーセント。

偏向報道の雄と見られる日経新聞が事実を客観的に表示したことは驚異でした。

2022年3月2日の国連総会緊急特別会合でロシアによるウクライナ侵攻を非難する決議が採択されました。賛成した国は193か国中の141か国。賛成に回らなかった国が52か国。メディアは圧倒的多数の国がロシアによるウクライナ侵攻を非難する決議に賛成したと報じました。しかし、この141か国と52か国の人口を総計すると、その構成比はロシア非難決議に賛成した国の人口合計が42パーセントであるのに対し、賛成に回らなかった国が58パーセントだったのです。

4月20日には米国・ワシントンD．C．にてG20財務大臣・中央銀行総裁会議が開催されました。同会議において対ロシア経済制裁に加わっている国は、EUを1か国とカウントすれば、10か国でした。経済制裁実施に参加していない国も10か国。国の数では10対10の互角だった。

しかし、この20か国の人口合計を計算すると、制裁に参加している国が19パーセント、制裁に参加していない国が81パーセントなのです（EUは人口最多国のスペインの人口で計算している）。

国際社会という言葉を日本のメディアでは、ロシアのウクライナ侵攻を非難する欧米諸国と同じ意味で使っています。しかし国際社会は欧米だけで構成されているわけではありません。人口比で見れば、圧倒的に大きなウエイトを持つのが中国とインドです。ロシアも多数の人口を要しています。これら以外にブラジル、インドネシア、メキシコ、さらにイランなどを考えてみれば、欧米は数のうえで、もはや多数派を形成していないのです。

米国のネオコン、「21世紀型新・帝国主義」は米国の思想・哲学・価値観を唯一絶対正義とし、これを多国に埋め込む戦術を熱烈に推進しています。他国がこれを受け入れない場合、必要に応じて軍事力の行使を辞さないとするのがネオコンの立場であるため米国は、さまざまな口実を用いて軍事力行使を展開し続けてきました。

その行動によって世界支配を目論み　同時に米国を支配する巨大資本は規制撤廃　市場原理、民営化、小さな政府を多国に強要し、米国の巨大資本の利益を極大化させるための　メカニズムを他国に強要する活動を展開し続けてきています。日本では２００１年の小泉純一郎政権発足以降、この変化が加速されてきました。しかしながら、これがすべてではありません。

日経新聞の全面広告がいみじくも指摘するように、ロシアのウクライナ侵攻を非難しているのは世界人口のわずか36パーセント、3分の1に過ぎないのです。ほぼ同水準の人口がロシアに同調しており、残りの3分の1が中立の立場を示している。

今後の10年、20年、50年を展望したときに、世界経済の中核を占めるのが中国になることはほぼ確実でしょう。インドの成長も予測されます。このとき世界のなかで最も強いリーダーシップを確保する国が中国になるのか、それとも米国が現在の地位を維持し続けるのか。この洞察は極めて興味深く重要です。

日本のメディアは「国際社会」なる表現を多用し、欧米の主張が全世界の主張であるかのように伝えますが、実態はまったく異なっているのです。欧米の主張は、全世界の3分の1を占めるに過ぎません。現実にはロシア、中国、インド、イラン等の大国の主張が欧米の主張と拮抗しているのです。

資金運用戦略の構築上、世界情勢の変化、覇権国の推移、10年後、20年後、50年後の世界第1位の覇権国の想定のすべてが重要な考察対象になるのです。

# 第1章

# 世界恐慌の分岐点

## バーナンキのノーベル賞受賞が意味するもの

2022年のノーベル経済学賞は、米国の経済学者であるダイヤモンド、ディビッグ、バーナンキの3氏に付与されました。周知の通りバーナンキ氏はFRB議長を務めた実務家でもあります。世界経済の不安定性が拡大し、新たな経済恐慌の発生が警戒されている今日の状況下で、彼がノーベル賞を受賞したのには現実的意味が存在します。同氏は世界恐慌の研究者でもあるからです。

2007年から2009年にかけて、サブプライム金融危機が世界の金融市場を襲いました。金融市場の混乱が経済活動全体を麻痺させる懸念が世界を覆い尽くしました。この危機に際してのバーナンキFRBの行動は明確でした。

〝無制限〟の流動性供給にFRBは突き進んだのです。このとき、リーマンブラザーズという米国を代表する投資銀行の1つが破綻しました。

リーマンブラザーズは一種の〝生け贄〟とされた金融機関でした。同行は破綻させられたのに、他の多数の大規模金融機関はFRBによる資金供給により救済されたからです。結果として米国経済が金融恐慌に陥り、世界経済が壊滅的な打撃を受ける恐慌の発生は防がれました。

だが一方で、公的資金によって大規模金融機関が救済され、その金融機関の経営幹部が法外な高収入を獲得し続けたことに対する批判が根強く残りました。責任ある当事者の責任を厳正に問う公正さと、大規模金融波乱の発生を防止して、世界経済の底割れを回避することのメリットが比較考慮されなければなりません。

この問題が残存するなかで、ノーベル財団はバーナンキ氏にノーベル経済学賞を付与しました。ノーベル財団は、バーナンキFRB議長の行動を〝是認〟した意味合いが濃いと言えるのです。ノーベル経済学賞を受賞した3名の経済学者は、1980年代にいくつかの経済モデルを提示し、その経済モデルに基づく実証研究の論文を発表しています。当時の学界における最先端の手法としての情報の経済学、あるいはゲーム理論を用いて、金融機関の行動をモデル化して分析したバーナンキ氏らが、さらにその理論モデルを活用して実証研究を行ったのでした。

彼らの研究対象は金融機関の行動モデルです。資金の貸し手と借り手の行動様式をモデル化し、何らかの要因で金融機関に対する取り付けが発生してしまう場合をシミュレーションとして提示したのです。

預金者は金融機関の未来に悲観的な展望を予想する際、金融機関の破綻前に自己の預金を引き出そうと殺到します。取り付け騒ぎが起これば、金融機関のビジネスモデルに大きな調整圧力が発生します。

金融機関の長期ビジネスモデルが破綻に向かうと、経済社会は長期の投資資金を確保することが困難になります。このため金融機関の経営破綻が中長期的に経済活動全般に強い悪影響を及ぼすのです。

通常、経済と金融の因果関係は経済を起点とするものと捉えられてきました。経済活動が悪化することの影響を受けて、金融機関の活動、金融システムに影響が生じるという方向での因果関係です。

ところが、この3名の研究者が示す見解は、その因果関係を〝逆転〟させるものでした。何らかの要因で取り付け騒ぎが発生し、金融機関の経営破綻、金融システムに綻びが生じれば、そのこと自体が原因となり、経済活動にマイナスの影響が発生するというものです。

このメカニズムを明らかにするモデルを、情報の経済学、ゲーム理論を用いて構築したのです。さらに彼らがその理論モデルを活用して実証研究を行った業績が評価され、ノーベル賞を受賞したわけです。

近年のノーベル経済学賞の実績を見ると、単なる理論モデルの提示にとどまらず、それを元に実証的な研究を行うことに対して賞が付与される事例が増えています。同時に重要なことは経済学の理論的な研究のみならず、その成果が現実の政策運営に与える現実への貢献を踏まえて、賞の授与が決定される傾向が強まっていると言えるのです。

バーナンキFRB議長は1930年代の世界恐慌が長期化し、深刻化した要因として、金融機関の破綻が多発したことが影響したと考えました。この仮説を実証的に研究した成果が2007年から2009年の政策運営に〝生かされた〟側面が強くあります。

結果として1930年代に経験した世界経済の長期混迷という大恐慌の事態は回避されました。ただ筆者が序章に記述したように、この結果が生まれる裏側において、責任ある当事者の責任が適正に問われなかったのではないかとの批判はくすぶっています。

あらゆる物事には、光と影の部分がつきまといます。重要なことは光と影の双方を正確に把握することです。その比較考慮の上に現実の選択が行われるのです。

功罪相半ばする政策運営において、総体として「功」の部分が「罪」を上回ることが常に求められる。価値、尺度をどこに置くのかによって功罪の評価は変わるでしょう。

この意味で、あらゆる側面において100点満点の回答は存在しません。いかなる政策運営が取られようとも、対象がメリットだけを生み出すことも、デメリットだけを生み出すことはありません。メリットとデメリットは常に併存することになり、総体としてメリットの大きい施策を選ぶことが優先されるべきだと言えるのです。同時に、政策運営を実行することによって発生する影の部分、功罪の罪の部分に対しては、それを打ち消すための政策努力が必要になるのです。

1929年のニューヨーク市場の株価暴落に端を発した、30年代を通じる世界恐慌は、経済悪化から脱却するための対応を通じて世界戦争勃発《ぼっぱつ》につながったという暗い歴史を持っています。いま、再び新たな経済恐慌の発生、そして新たな世界的規模の戦乱発生が警戒されているなか、各国の経済政策運営の重要性が高まっています。

とりわけ最大の影響力を発揮するのが米国の金融政策です。

2007年から2009年にリーマン危機が発生しました。さらに2020年3月にはコロナショックに伴う株価暴落が発生しました。先に説明したようにコロナショックに伴う株価暴落は瞬時に解消され、ニューヨークダウはわずか1年10か月で2倍の水準へ大暴騰を演じたのです。

しかしながら、この株価大暴騰が新たな別の〝歪み〟を生み出したことを否定し切れません。現実に2022年の世界経済は、40年ぶりとなる本格的なインフレの顕在化を生み出しました。リーマン危機に際してFRBが無制限、無尽蔵の流動性供給を実行して、世界経済が壊滅的な打撃を被ることを回避できたのは事実でしたが、責任ある当事者の責任が厳正には問われなかったことも事実でした。2020年のコロナ危機に際しても、FRBは果断な行動を示しました。同時に当時の米国政権運営を担ったトランプ大統領は、2兆ドル（200兆円）規模の財政支出追加を一気呵成《いっきかせい》に決定したのです。

このことにより株価は暴落から一転し大暴騰を演じ、新たな資産価格バブルを生み出す結果になりました。しかし、その副作用として2022年のインフレ問題が発生している側面を否めません。いずれにせよ米国の金融政策、政策運営が世界経済の動向を左右する最重要の要因であることは間違いないのです。

バーナンキ、イエレン、パウエルの3代のFRB議長の采配が、過去15年間の世界経済変動の基調を規定してきた事実を見落とせません。

新たな世界恐慌が発生するのか否か。総体的な評価として新たな世界恐慌の発生は防がねばならないと考えられますが、その対策の副産物としてさまざまな道徳的過ち、すなわちモラルハザードの問題が発生する点を見落とすことはできないのです。

## コロナ過剰流動性バブル

2020年2月、コロナパンデミックが世界を震撼させました。

この問題顕在化の約半年前にさかのぼると、2つの重大な事実を確認することができます。

それは2019年10月18日の2つのイベントです。

第1は、ニューヨーク・マンハッタンのホテル・ザ・ピエールで開催された「イベント201」でした。この会合の参画者は多岐にわたっていました。WHO、世界銀行、国連基金、米国疾病予防管理センター（CDC）、中国疾病予防管理センター（CCDC）、ジョンズホプキンス大学、ジョンソン&ジョンソン。そして、このイベントの最大の資金拠出者と見られるのがビル&メリンダ・ゲイツ財団でした。イベントでは新型コロナウイルスのパンデミックが世界を襲来することが予言され、CNNを模したニュース番組の映像まで制作され、放映されました。WHO、CDC、CCDCは、パンデミック発生の半年前に、すでに現実に生じる現象をほぼ正確にシミュレーションしていたのです。

同じ10月18日に、中国武漢でミリタリーワールドゲームズ「世界軍人運動会」が開催され、米国からも多数の軍人が参加していました。コロナウイルスは中国武漢で最初に確認されたとみられています。中国武漢にはウイルス研究所が存在し、この研究所からウイルスが漏れ出たとの指摘も存在します。

他方、この大会において米軍がウイルスを武漢に持ち込んだとの説も存在するのです。いずれにせよコロナパンデミックが世界的な大問題に発展する半年前に、米国と中国で極めて重要な意味を持つイベントが開催されていた事実は重いと思われます。

10月18日にニューヨークで開かれたイベント２０１が示したコロナパンデミックのシミュレーションと、半年経過して実際に発生したパンデミックを比較すると、１つの違いが浮き彫りになります。それは事前に予測されたパンデミックの被害が現実をかなり〝上回っている〟という点でした。

仮に人為的に創作されたものであるとしたとき、現実の感染は事前に予定していたものと比較すれば軽微にとどまったと表現できます。ＷＨＯはいち早くコロナパンデミックを宣言し、その対応策として世界大合唱の様相を呈したのが「ワクチン接種」でした。コロナ対応ワクチンが有効であるのかどうかは定かではありません。

逆に日本では、コロナワクチン接種後の急死者数が異常な水準に達しています。接種が国全体として展開された２０２１年以降に日本全体の死亡者数が激増しているのです。２０２１年の死亡者数増加は、戦時中を除けば85年ぶりの水準に達しました。２０２２年は、85年ぶりに死亡者数の激増した２０２１年を上回る年間10万人超ペースの死亡者数増加が観測されています。これらの事実は、コロナワクチンが人体に極めて深刻なダメージを与えていることを示唆するものと思われます。

コロナウイルスは時間の経過とともに変異を重ねるたびに、その毒性が低下する傾向を示しています。すでに世界の大半の国において新型コロナ感染症は、通常のインフルエンザ並みの対応に切り替えられているのです。

さらにワクチン接種証明制度もほぼすべての国で全面的に廃止されています。コロナワクチン利権の巣窟と考えられる米国においてのみ、入国に際してワクチン接種証明を求めているに過ぎません。このなかで日本政府の対応だけが突出して合理性を欠くものになっています。日本政府はコロナ感染症をエボラ出血熱並みの重大な感染症指定区分に据え置いており、いわゆる第二類相当の指定区分が維持されているのです。これはコロナ感染症を「死の疫病」と位置づけるものです。

コロナ感染症の医療費負担が公費とされていることが国民にとってのメリットではあるものの、感染症の取り扱いが指定病院に限定され、通常のかかりつけ医で対応できないことが感染拡大時の大混乱を引き起こしています。

同時に日本政府は8・8億回分のワクチン購入契約を締結してしまっています。政府がワクチン接種を強硬に呼び掛けていながら、使用されたワクチンは3・4億回にとどまっています。この状況下でコロナ感染症の指定区分を第二類相当から第五類相当に転換すれば、追加的にワクチンを接種する国民は激減すると見込まれます。その場合には、ワクチン購入費の過半が税金の〝無駄遣い〟に終わる可能性があるのです。

コロナパンデミックが、世界規模の「巨大利権事業」であったとの疑いを拭い去れません。

誰がこの巨大利権ビジネスを創出しているのか。それは冒頭に述べた、世界政治の運動法則、世界経済の運動法則と表裏一体の問題といえるのです。これらの魑魅魍魎とした漆黒の現実政治経済社会を洞察することなしに的確な投資戦略を構築することは不能です。この意味で、こうした問題に深い洞察力を注ぐことが必要なのです。


コロナパンデミック発生により、金融市場に大激変が生じました。

日米両国においてコロナパンデミック発生後に過剰流動性が出現しました。代表的なマネー指標の伸び率推移を見てみましょう。

米国のM2平残前年比伸び率は2021年に前年比26・9パーセントの激増を示し、過去30年間に類例を見ない流動性が供給されたのでした。M2は、代表的な貨幣残高指標＝**マネーストック指標**です。ミルトン・フリードマンがノーベル経済学賞を受賞した業績として評価されたのは、マネーストックと名目取引量の連動関係を実証的に明らかにしたことでした。

世の中に供給されるマネーストックが増大することに連動して、経済取引量が拡大する。経済活動の実質量は経済メカニズムによって決定されるが、名目の取引量は供給されるマネーの量に規定されることを明らかにしたのです。わかりやすく表現すれば、世の中に出回るマネーの量が増加すればインフレ率が上昇し、世の中に出回るマネーの量が減少すればインフレ率が低下するということになるわけです。

管理通貨制度の下では、世の中に供給されるマネーの量を中央銀行がある程度コントロールすることができます。中央銀行は世の中に流通するマネー量をコントロールすることにより、インフレ率をコントロールすることができます。フリードマンはマネー量の増減がインフレ率変動を規定する最重要なファクターであることを明らかにし、インフレ抑制のための金融政策運営のあり方についての基本理解を打ち立てたのです。


2013年3月に黒田東彦氏が日銀総裁に就任し、量的金融緩和政策を拡大することによって日本のインフレ率を引き上げることを公約に掲げました。ただし、この公約は実現しませんでした。量的金融緩和政策は実行されたものの、インフレ率引き上げは実現しなかったのです。

筆者は2013年7月に刊行した『アベノリスク』(講談社)のなかで、黒田日銀のインフレ誘導が成功しない可能性が高いことを指摘しました。現実に、この予測は完全に的中しました。インフレ率上昇が実現しなかった理由は後述することにします。

米国のM2は過去30年間、ゼロパーセントから10パーセントの伸び率のなかで変動してきました。このM2前年比伸び率が2021年に26・9パーセントに跳ね上がり、米国において世の中に出回るマネーの量が激増したのです。同様の現象が日本でも観察されました。

## 日本のM2平残前年比伸び率（1990年〜2022年）

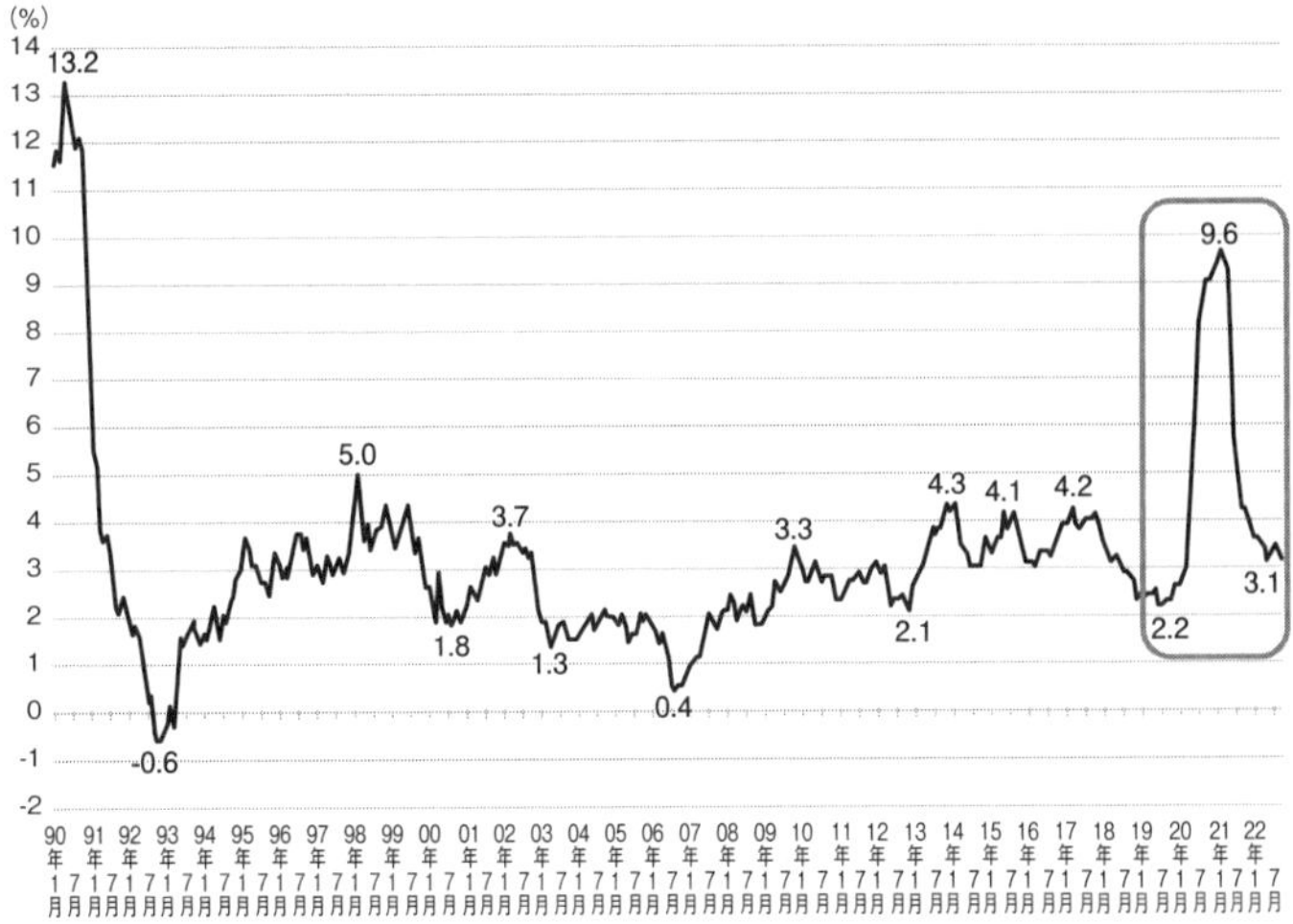


## 米国のM2平残前年比伸び率（1990年〜2022年）

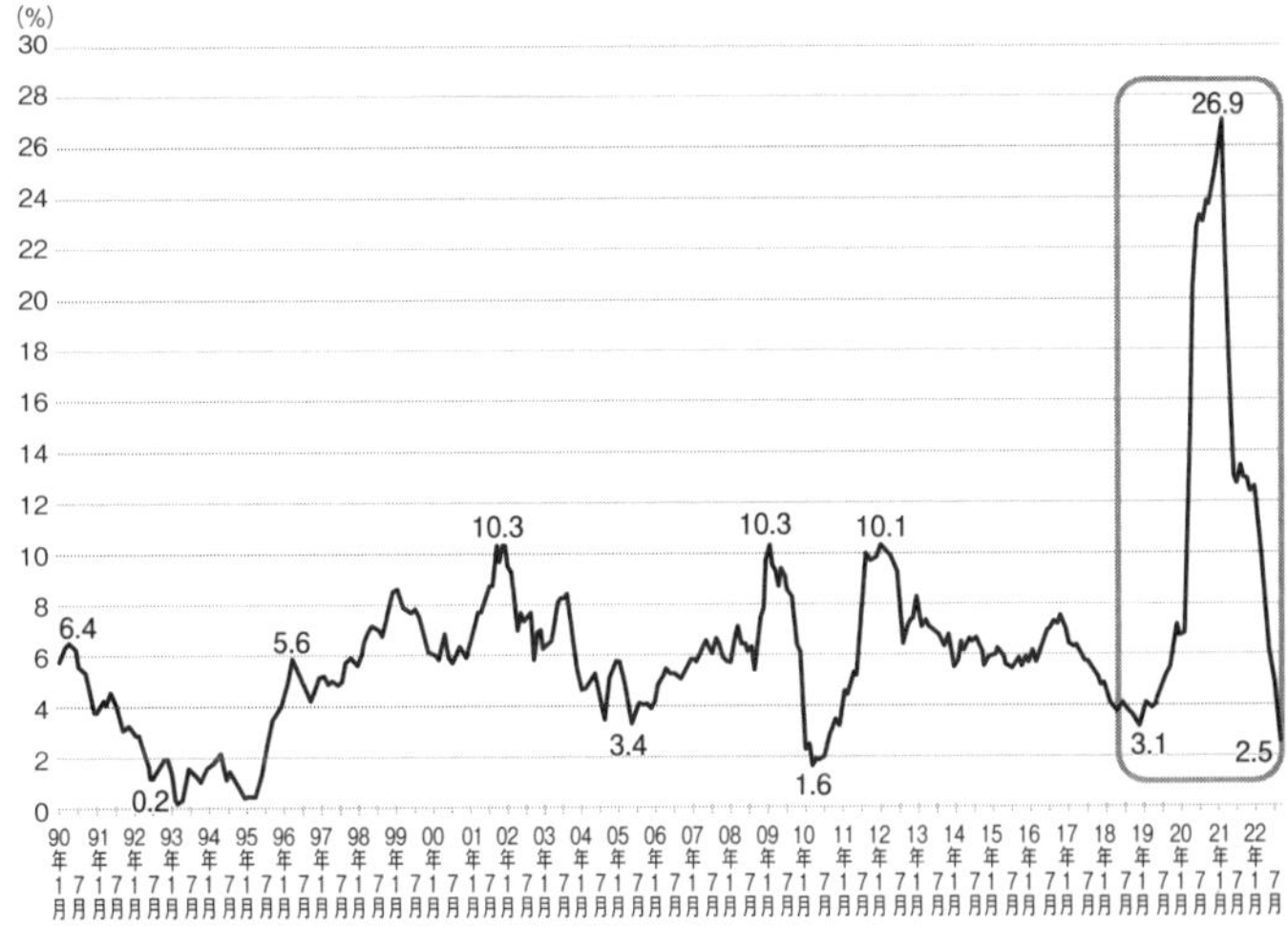

1990年代から2020年までの約30年間、日本のM2平残前年比伸び率はゼロパーセントから5パーセントの間で変動しました。黒田日銀が2013年以降に量的金融緩和政策を大拡大しても、M2の伸び率は4パーセント台までしか高まることはありませんでした。このM2が2021年に前年比9・6パーセントの伸びを示したのです。

日本のバブル期に、M2は前年比13・2パーセントの高い伸びを記録しました。この過大なマネーの供給が日本の資産価格バブルを生み出しました。2021年における日本のマネー供給量は30年ぶりに約10パーセントの高い伸びを示したのです。

コロナパンデミックが生じ、米国では2020年3月から4月の2か月で、雇用者数が2236万人減少しました。株価が暴落しただけではなく、経済活動が一気に収縮したのです。

このコロナパンデミック危機に際して、トランプ大統領は200兆円規模の財政支出追加を電光石火の勢いで決定しました。あわせてFRBのパウエル議長が米国のFFレートを一気にゼロ金利水準まで引き下げました。企業や個人の資金繰り対策としての信用供与が急激に拡大されました。この信用供与拡大がマネーの激増をもたらしたのです。

この大規模金融緩和、過剰流動性の供給により、内外資産価格は大暴騰を演じたのです。繰り返しになりますが、ニューヨークダウは2020年3月から2022年1月までの1年10か月の間に2倍の水準に大暴騰を遂げました。

筆者が発行するＴＲＩレポートでは、２０２０年夏に、過剰流動性供給により資産価格が大幅に押し上げられるとの見通しを提示しました。かつて日本では１９８０年代後半、過剰流動性の供給が株価と不動産価格のバブルを生み出しました。過剰流動性が供給されることにより類似した資産価格バブルの発生が想定されたのです。

同様の現象が米国でも発生したわけです。ここにもう1つの要因が重なりました。それはパンデミック発生に伴い、人々の〝生活様式〟が激変したことでした。対人接触が厳しく制限されました。人々の活動は非対面型に移行し、勤務の形態が激変して、リモート勤務が広範に用いられるようになりました。パンデミックがもたらした新しい生活様式のなかで、最重要のハイウェイの役割を果たしたのがインターネット情報空間でした。

あらゆる行動がオンラインにシフトし、企業内における会議は無論のこと、さまざまな集会さえもオンラインで開催される事態に至りました。Ｇ７などの国際会議でさえ、オンラインによる開催に移行しました。こうした生活様式の変化に伴い、オンライン上で成立するビジネスが新しい地平線を一気に広げたのです。

アップル、アマゾン、マイクロソフト、グーグル、フェイスブック、ツイッター。こうした新興のメガＩＴ企業の評価が一気に膨張しました。１社の時価総額がＩ兆ドルを突破する巨大企業が相次いで出現したのです。メガＩＴバブルの発生でした。

しかし宴は永遠に持続するものではありません。２０２０年２月のパンデミック始動から間もなく丸３年の時間が経過します。コロナ感染波動は２０２２年末には第８波に移行していま す。第５波感染拡大の主軸であったデルタ株、そして、その後のオミクロン株で感染拡大はピークを迎え、感染拡大に伴う人的被害もピークアウトしました。すでにコロナ感染症の致死率は大幅に低下しており、通常のインフルエンザ並みの対応が適正と判断できる状況に移行しているのです。

日本政府だけが、コロナを「死の疫病」と位置づける対応を金科玉条のごとくに維持し続けていますが、世界の主要国はコロナ感染症を通常のインフルエンザ並みの扱いに切り替えています。これに連動して生活様式の正規化、通常化への回帰が急速に進行しています。この変化に連動してメガＩＴバブルは〝崩壊〟の局面に直面しているのです。

２０２０年３月から２０２２年１月にかけて発生した過剰流動性バブルがピークを通過しました。ここに２００９年３月以降持続した、13年超の長期株価上昇の終焉、循環的調整局面への移行が〝重なる〟事態が発生したのです。２０２２年の世界を、インフレ率亢進が襲っています。連動してＦＲＢはインフレ抑止に政策対応の基本を大転換させているのです。

ＦＲＢの強力な金融引き締め措置は、世界経済の停滞をもたらす可能性を高めつつあります。

**新型コロナ新規陽性者数**（〜2022年11月10日）

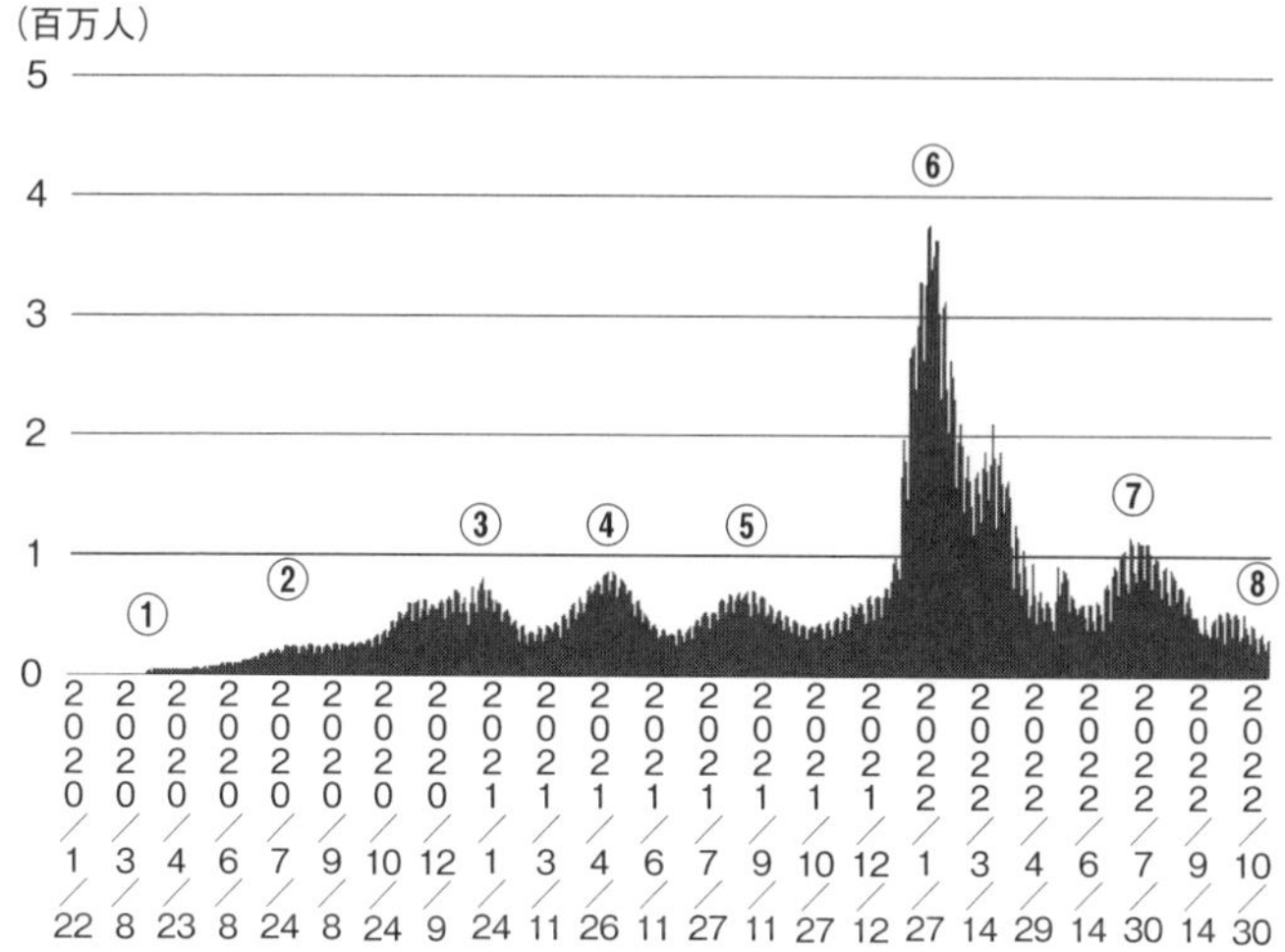


**新型コロナ死者数**（〜2022年11月10日）

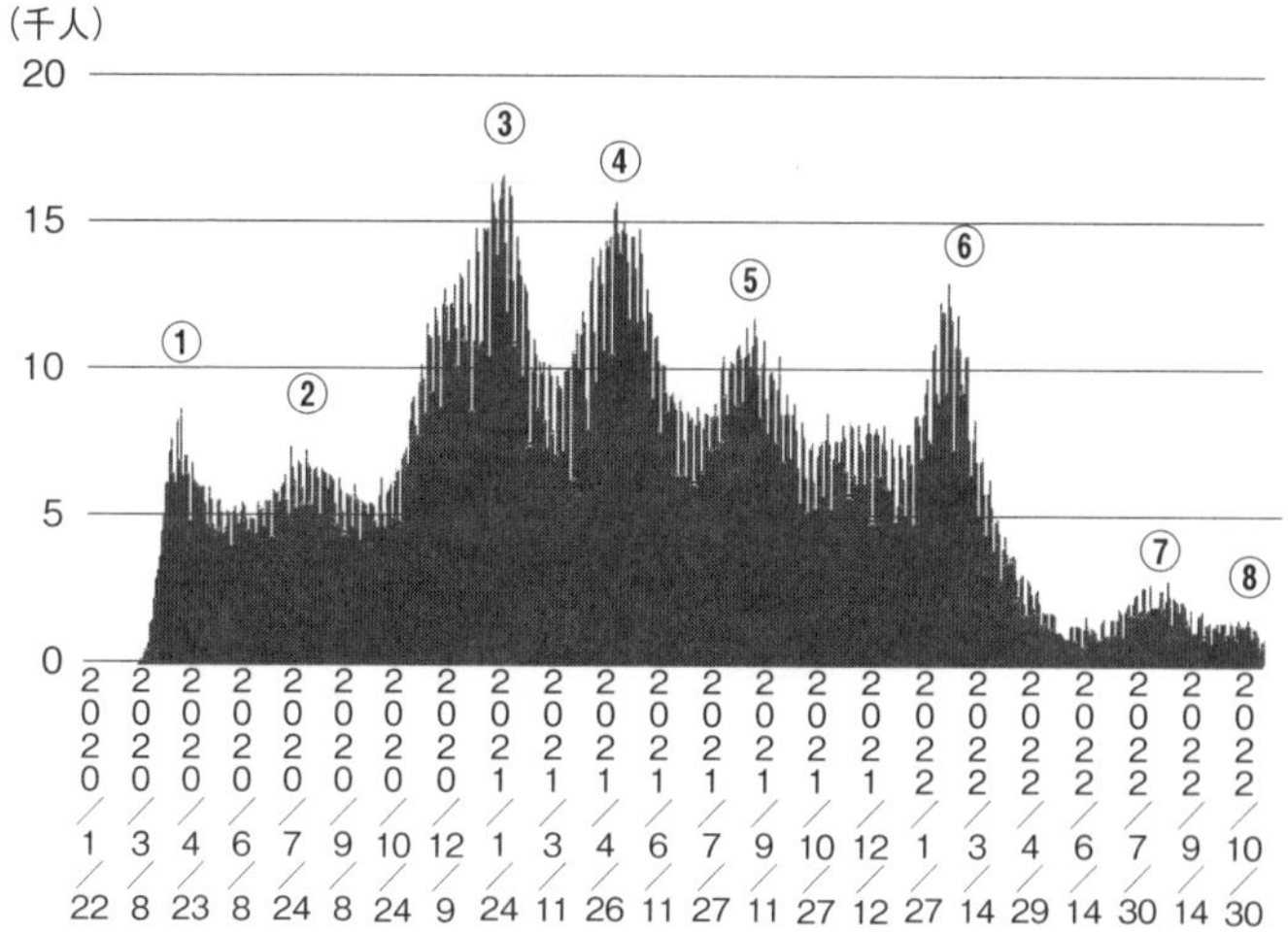


**①〜⑧は流行の波の数**

その影響が頂点に達するタイミングが2023年であると考えられているのです。

## ITバブルとメガITバブルの崩壊

筆者が執筆するTRIレポートにおいては、2021年5月以降、ニューヨーク株価動向について、株価ピークアウト接近の警告を発し始めました。ニューヨークダウは2009年3月から2022年1月まで12年10か月の長期大暴騰を演じ、5・7倍水準に達しました。この長期株価上昇が最終局面に差しかかるとの見通しを提示したのです。大きな株価暴騰は最終局面で波乱変動を迎えることが多くあります。今回も例外ではありませんでした。

2020年3月にコロナパンデミックにより株価が一時的に急落しましたが、コロナパンデミック発生直後に米国政策当局が電光石火の大刺激策を実施したことを背景として、株価が大暴騰を演じました。ニューヨークダウは1万8000ドル水準に暴落した後、わずか1年10か月で3万7000ドル水準へと暴騰を演じたのでした。

この株価暴騰をもたらした最大の要因は過剰流動性供給でした。私のレポートでは2020年半ばに過剰流動性供給による資産価格バブル発生の予測を提示し、2021年半ば以降、この株価暴騰が最終局面に差しかかることを予測してきました。

その過剰流動性バブルのピークは2022年1月に記録され、ニューヨークダウは約3万7000ドルの水準を記録し、その後調整局面に転じたと判断できます。2009年以降、12年10か月の間持続した長期株価上昇の大相場が終焉し、調整局面に転じたのでした。この大局観をTRIレポートは的確に提示してきました。

2020年3月から2022年1月にかけての内外株式市場の急騰において、主導的役割を果たしたのがメガIT企業でした。アマゾン、アップル、マイクロソフト、グーグル、フェイスブック等のITに立脚したグローバル巨大企業のビジネスが急拡大し、それぞれの企業の株価時価総額が1兆ドルを突破する事態が発生したのは前述した通りです。

しかしながら、この宴が永遠に続くわけではありません。コロナパンデミックの収束は、人々の生活様式転換の時計の針を逆戻りさせる効果を有するからです。メガIT企業の未来は依然として有望であり、企業活動が消滅するわけではないのですが、株式市場においては将来の変動を先取りし、「夢を買う」時点で株価時価総額が一気に膨張することが多いからなのです。

TRIレポートでは、ニューヨーク株価の調整が2000年から2002年にかけてのITバブル崩壊局面の推移と類似したものになる可能性を提示してきました。実際にNYダウは2021年半ば以降、この大局観に沿う株価変動を提示しています。2000年から2002年にかけて、ニューヨークダウは全体として37・8パーセントの調整を演じました。

ただし、その株価変動をチャートで観察すれば、2000年から2002年初頭にかけてニューヨークダウは高値ボックス相場を形成し、2002年に入ってから大幅下落を演じたことがわかります。

株価下落率は、ピークの2000年1月から大底をつけた2002年10月までの間で37・8パーセントに達しました。ニューヨークダウが過去30年間に大幅株価調整を演じたのは、2020年のコロナショック時の下落を除けば、2000年から2002年の調整と、2007年から2009年の調整の2度だけです。2000年から2002年の調整は37・8パーセント、2007年から2009年のリーマン・ショック時の株価下落率は54・5パーセントに達しました。

筆者は2022年1月に始動したニューヨークダウの中規模調整が2000年から2002年のITバブル調整期と類似したものになる可能性が高いとの見通しを提示してきました。

もっとも未来について予断を持つことは許されません。世界恐慌が発生するリスク、第3次世界大戦に移行するリスク、中国で大混乱が生じるリスクなどを筆頭に、巨大リスクの可能性は存在するわけです。それらの巨大リスクが顕在化する場合には、想定を超える大規模調整、経済・金融の大混乱が発生しないという保証はないのです。これらの意味を含めて**2023年が〝正念場〟の年になる**と予測しています。

## NYダウ（1992年～2009年）

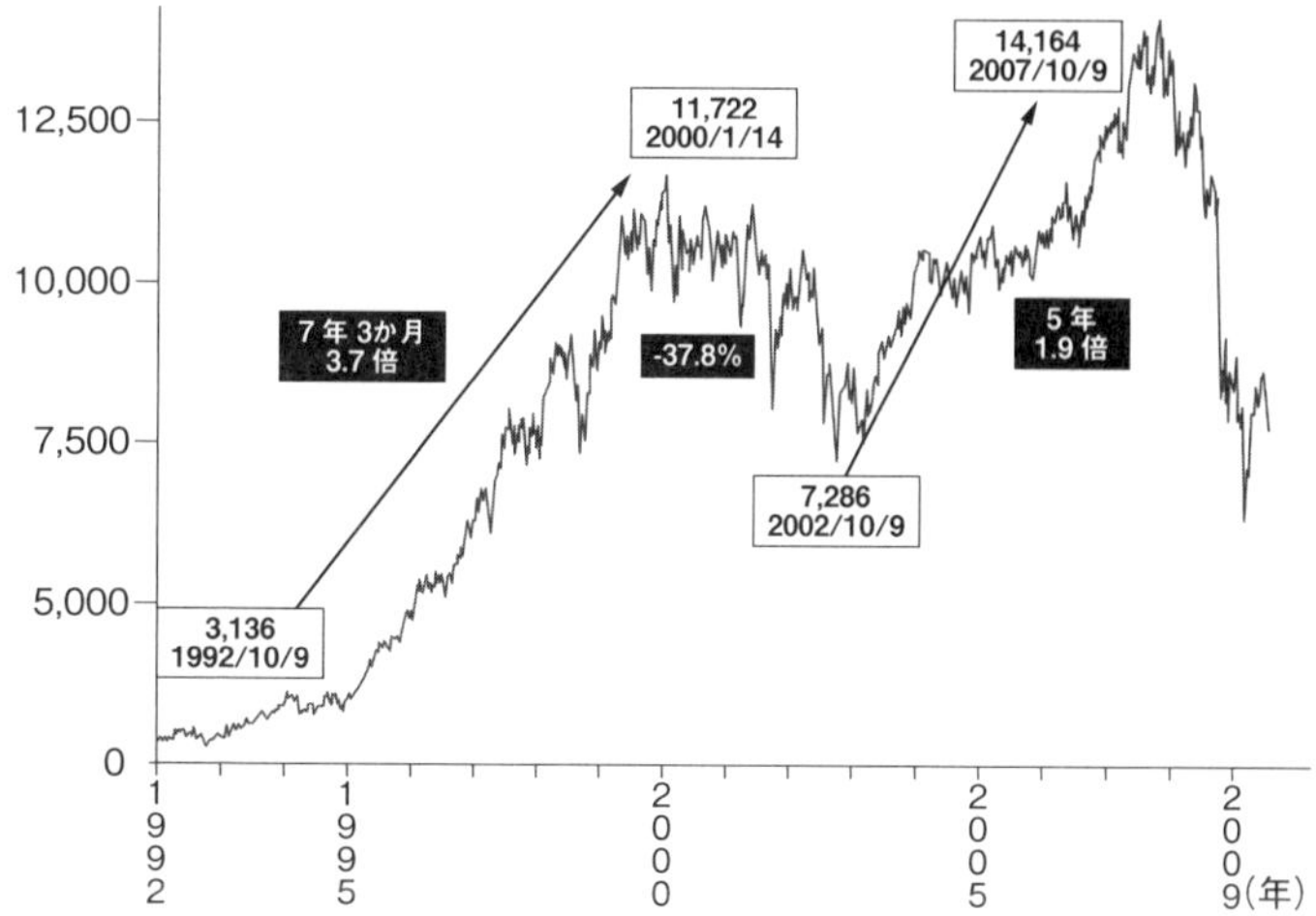


## NYダウ（2007年～2022年）

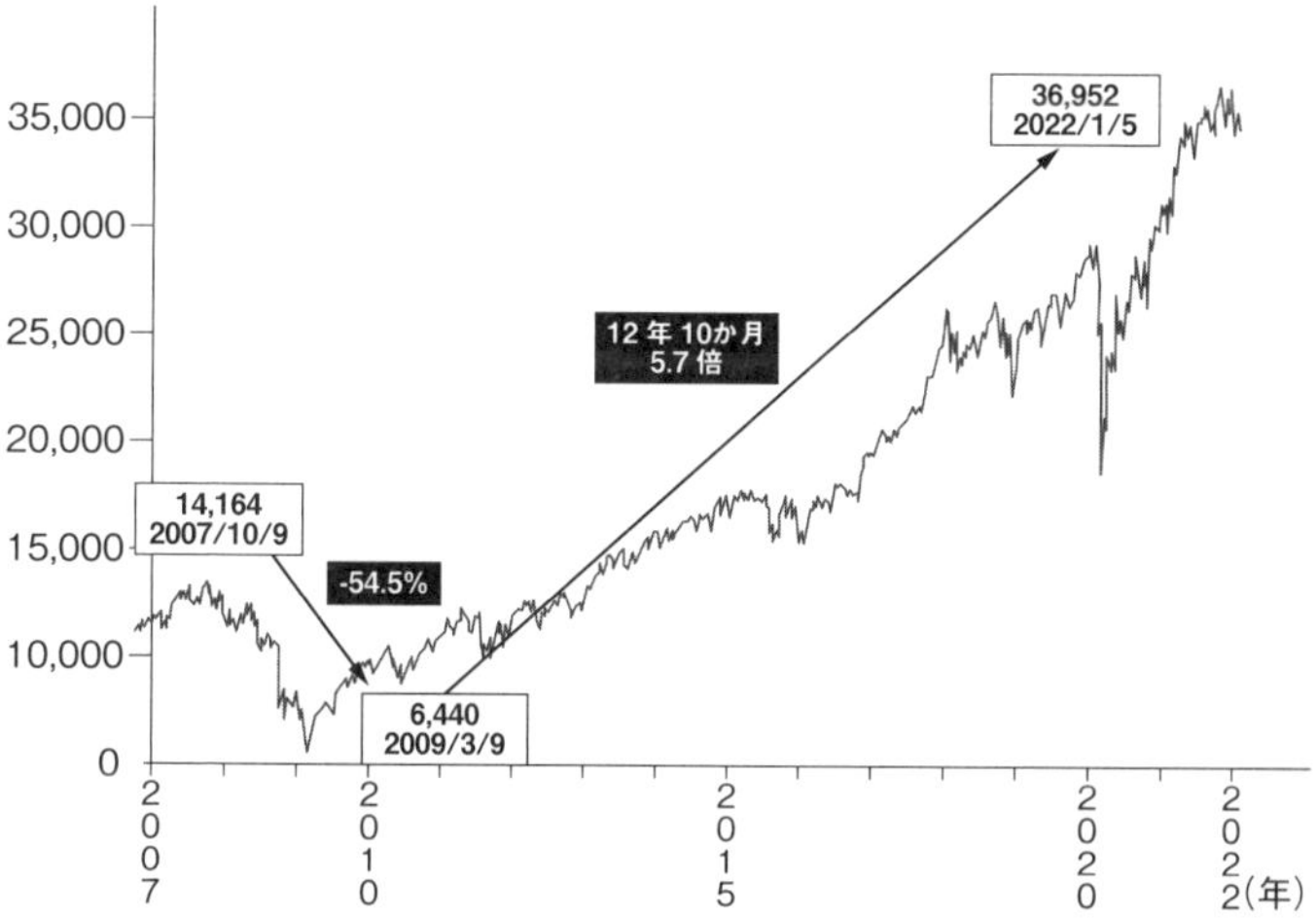

こうした予測には、ある程度の幅が想定されています。台風の進路予測は円で表示され、進路が定かではない場合の進路予測の想定円は極めて大きなものになります。ですから2023年においても、現実が生じ得る最悪のケースをたどる場合には、極めて深刻な現実が発生することも否定しきれません。このことは念頭に置く必要があるのです。

そのなかで予測の中心点として想定しているのが2000年から2002年型の株価調整ということになります。筆者は2000年から2002年の株価調整と、2022年から2023年にかけての株価調整が〝類似〟したものになると考えています。

1つの根拠は、2000年から2002年の調整がITバブル崩壊を背景とするものであったことです。2000年にかけて米国株価が急騰した際、株価急騰を最終局面で牽引したのはIT企業でした。IT革命が激しい勢いで進行した日本においても関連した企業の株価が急騰した局面でした。筆者が2000年年初にITバブル相場が終局に差し掛かったと判断した理由は、米国IT関連企業のPERが過大な水準に達したことでした。当時、米国IT関連企業のPERが100倍を超え、モルガン・スタンレーのチーフストラテジストを務めるバートン・ビッグス氏がバブル崩壊に警鐘を鳴らしました。

筆者は同氏の見解と同一の判断を持ちました。当時執筆していたTRIレポートの前身にあたる「金利・為替・株価週報」に株価のピークアウトを予測し、株価トレンドの下落転換への

## S&P500とFFレート（1991年～2015年）

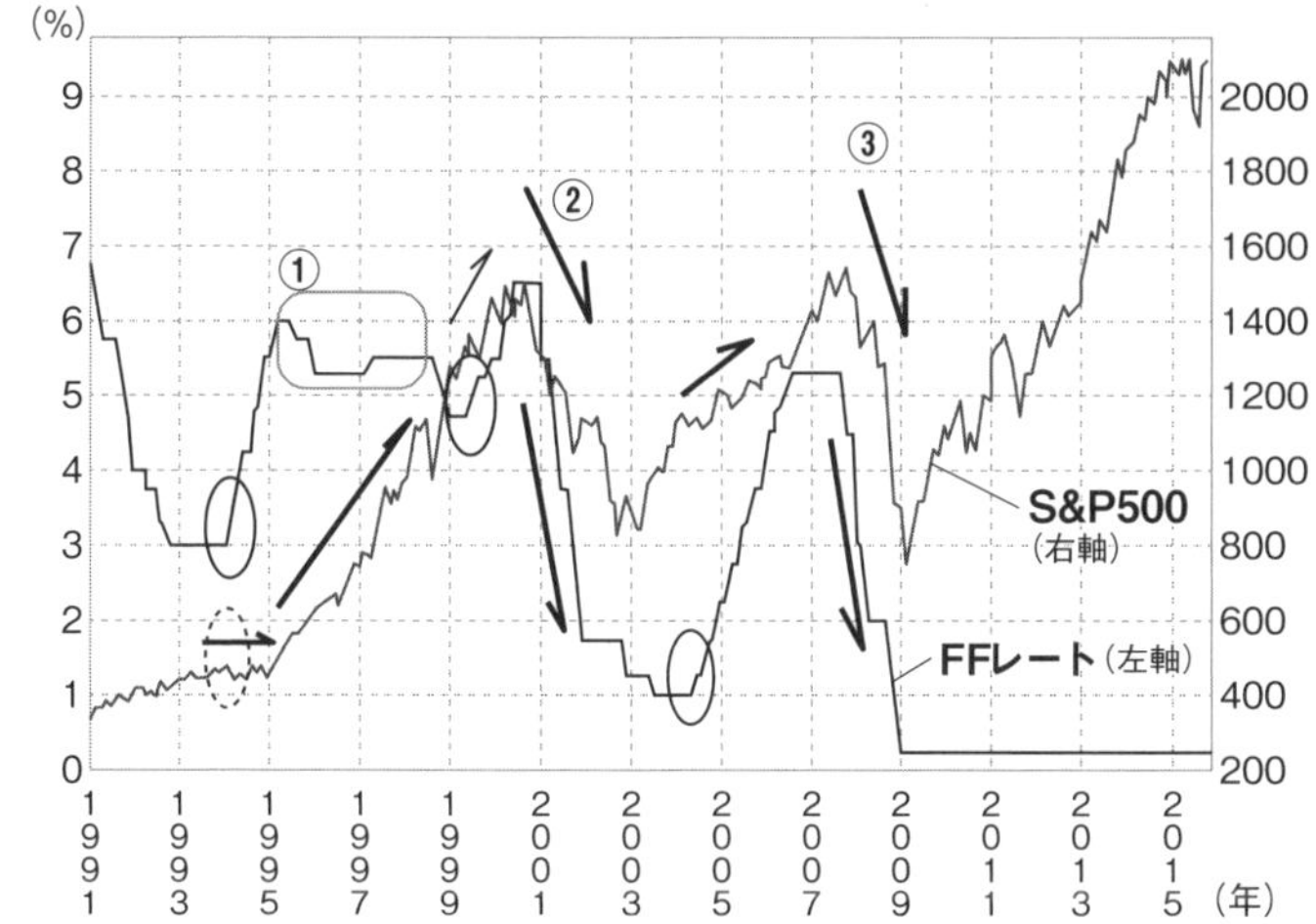


警鐘を鳴らしました。現実に２０００年前半を起点にＩＴ関係企業の株価調整が始動。ニューヨークダウは２０００年１月14日をピークに下落トレンドに転じたのです。
株価がピークアウトしても、ＩＴ企業全体が衰退する、あるいは消滅するということではありません。ＩＴ革命進行に伴い、将来の利益拡大に対する期待が関連企業の株価を大幅に上昇させました。その株価の水準が１株利益の１００倍に到達しました。大幅な利益拡大が続くとしても、１００倍のＰＥＲを〝正当化〟することは困難です。株価過熱の明確なシグナルとして、ＰＥＲ１００倍を〝活用〟することができるのです。
ニューヨークダウは高値圏内でのボックス相場に移行し、２００２年に７２８６ドルまで下落。下落率は37・8パーセントに達しました。

米国株価変動と金融政策との関連を検証すると、金融引き締め期に株価暴落が発生していないことがわかるのです。株価暴落、株価急落が発生するのは金融引き締め期ではなく、金融引き締め期の後に生じる金融緩和期なのです。金利を引き上げるのは、基本的には経済活動が強い局面です。経済活動が強い局面で株価は暴落しにくいという側面を有します。金融緩和が実行される局面は、基本的に景気悪化局面です。実際に景気後退が生じる金融緩和の局面で、株価が急落するケースが多いのです。

仮に2023年に向けての米国株式市場がメガITバブル崩壊に伴う調整局面に移行するとしたとき、金融引き締めが強化されている間は高値圏内でのボックス相場を演じる可能性が高いのです。その後に景気後退局面が発生し、FRBが金融緩和措置を遂行する局面において、目立った株価下落が生じることになることが想定されます。

この株価変動循環が発生するのであれば、その株価下落局面は最重要の〝投資チャンス〟を提供することになるでしょう。世界経済が激動し、地政学的リスクも高まる状況下ですが、第3次大戦や中国の大混乱、世界恐慌といった特殊な状況の発生を除外すれば、この大波乱の中に大きなチャンスが潜んでいることになります。

2022年から2023年にかけて、こうした市場調整と株価調整の発生を想定するのは、変動の基本図式として2000年から2002年にかけてのITバブル崩壊局面における株価変動のパターンを念頭に置くことによっています。

2020年のコロナショック後の株価暴騰とその調整局面の特徴がメガITバブル発生とその崩壊にあるとしたとき、その変動の主軸は、米国ナスダック市場で観察されることが順当ということになります。ナスダック指数は2020年のコロナショックにより、32・6パーセントの下落を演じました。

しかし2020年3月以降、トランプ、パウエル両指揮者の下で大規模な財政金融政策が実行され、株価大暴騰が演じられることになりました。ナスダック指数は2020年3月の6631ポイントから2021年11月の1万6212ポイントへと、1年8か月で2・4倍水準への暴騰を演じました。株価下落幅に対する2020年3月以降の株価反発は296パーセントに達しました。

しかし、ナスダック指数は2021年11月をピークに反落に転じています。2022年10月までの調整により、すでに2020年3月から2021年11月までの上昇幅の65パーセントが消滅してしまいました。

日本における新興企業の株価推移を端的に示すのが東証マザーズ指数です。コロナショックを背景にマザーズ指数は2019年11月から2020年3月にかけて、42・8パーセントの急落を演じました。しかし、この下落の後、2020年3月から2020年10月にかけて同指数は1368ポイントに急騰、わずか7か月で2・6倍の水準に大暴騰を演じました。しかしながら、この指数は2020年10月に早くもピークアウトして下落に転じ、2022年6月には607ポイントに下落しています。結局、コロナショック後の株価大暴騰の9割が消滅してしまったのです。

米国のメガIT企業が大暴騰を演じたのと同じ連想で、生活様式変化によってフォローの影響を受けると考えられる企業の株価が急騰を演じたのですが、残念ながら日本企業の中に新しい生活様式に適合する先進的基本技術、基本ビジネスモデルを提供する企業はほとんど存在しなかったのです。つまり日本の新興企業は米国のメガITバブルに〝便乗〟して株価大暴騰を演じたものの、早い段階でメッキが剝がれ、企業評価も失われてしまったのです。

日本経済は長期停滞を余儀なく迫られています。成長を牽引する中核は技術革新と人口増加ですが、この両面において日本企業が置かれている状況は暗いものになっています。日本経済が今後に新たな飛躍の原動力を獲得することができるのかどうか。残念ながら、日本企業が突破しなければならない壁は、前方に厚く立ち塞がっていると言わざるを得ないのです。

とはいえ日本の株式市場に逆風だけが吹き荒れているのかといえば、そうとも言い切れない

## NASDAQ指数（2019年11月～2022年11月）

## マザーズ指数（2019年11月～2022年11月）

のです。

その理由は日本円の暴落にあります。ドル表示で見た日本の資産価格の大暴落が生みだされているのですが、このことを海外資本から見ると、日本が「大バーゲン売り尽くしセール状態」にあることを意味しています。日本の中にも高い技術力を保持する企業は存在し、また中期成長余力を残す企業は存在しています。日本円暴落が転換点を迎えるとき、海外資本は一斉に日本企業取得に向けて資金投下を実行する可能性が高いと思われます。

この変化が想定されるのが、やはり２０２３年にかけての時期です。本書『千載一遇の金融大波乱』のタイトルは、この逆張りチャンスを示唆するものなのです。

## リーマン・ショックとコロナショック

２００７年から２００９年にかけて、世界経済は大混乱に直面しました。グリーンスパン元FRB議長が「１００年に1度の金融津波」と表現したほどでした。

歴史的に巨大バブルの発生とその崩壊は繰り返されてきました。17世紀のオランダにおけるチューリップ相場のバブル、18世紀の英国における南海株式会社の株価暴騰とその崩壊、そして20世紀初頭のニューヨーク株価暴落に端を発する世界大恐慌。さらに１９８０年代後半の日本のバブル生成と90年以降のバブル崩壊。

平均すれば100年に1度のペースで大規模金融波乱が創作されてきました。2007年から2009年にかけての金融波乱は、グリーンスパン元FRB議長が指摘するように文字通り100年に1度の金融津波でした。この金融危機は、「サブプライムローン」金融危機とも表現されました。米国で金融緩和が推進され、不動産価格にバブルが発生したことに伴い、金融機関がサブプライムローンを提供したのでした。

サブプライムローンとは、信用力の〝乏しい〟借り手に対する不動産担保融資のことです。資金返済能力が乏しい個人であっても調達した資金で不動産を購入し、その不動産価格の上昇が期待されるのであれば、融資を実行することができる。こうして資金返済能力の乏しい個人に対して不動産価格上昇を前提にローンが組成されたのです。その残高はピークで約1・5兆ドル、1ドル100円で換算すれば150兆円程度に膨張していました。

不動産価格上昇を前提にローンが実行されていることは、資金のフローとして買い入れ資金の返済を十分に行える能力がない借り手に対して融資を実行していることになるため、資金借入者が購入した不動産価格が下落してしまうと資金返済が滞ることになり、貸出し資金そのものが〝不良債権化〟してしまいます。

2005年末頃から米国の不動産価格が下落に転じ、サブプライムローンの不良債権化が始動したのです。とはいえ全体で150兆円規模の融資残高であれば、不動産価格が下落して貸出金の一部が返済不能に陥ったとしても、金融機関の損失は最大で150兆円に限定されることになります。実際に不動産価格がゼロにまで暴落することはなく、仮に不動産価格が半値に暴落したとしても、貸出債権の損失は最大で75兆円規模にとどまることになります。米国金融機関の体力を踏まえたとき、この規模の損失が発生したとしても、市場全体が揺れることはなかったのです。

日本のバブル生成・崩壊の場合、1986年から1990年にかけて金融機関とノンバンクの資金貸出し残高は約200兆円増大しました。そのすべてが不動産、株式、ゴルフ会員権、絵画などの資産取得に振り向けられました。バブル崩壊で資産価格が暴落し、この200兆円の貸出し金の多くが返済不能に陥りました。金融機関の損失は100兆円以上に膨張したのです。この100兆円超の損失処理に日本の金融機関は10年以上の時間を要しました。これが日本の「失われた10年」の基本原因になったのです。

このことを踏まえれば、サブプライムローンの劣化に伴い、米国の金融機関が一定の打撃を受けることは免れなかった事象です。しかしながら、その損失規模は世界の金融市場を震撼させる規模のものではまったくありませんでした。

問題は、サブプライムローンを原商品として積み上げられた派生金融商品＝デリバティブの膨張にありました。サブプライムローンを原資産として組成されたデリバティブ＝派生金融商品が想像を絶する膨張を示していたのです。デリバティブ派生金融商品の組成残高は600兆ドル、ないし800兆ドルに膨張したとされています。600兆ドルは1ドル100円で換算して6京円という規模を意味します。この6京円規模のデリバティブ金融商品に1パーセントの価値毀損が発生すれば、その損失は600兆円に達することになります。

サブプライムローンそのものはリスクの高い金融商品です。ところが金融工学の技術を用い、リスクの高い商品を複雑に組み合わせることによって組成されたデリバティブ金融商品は、〝高い〟信用格付けを獲得していました。

金融工学の理論によってリスクとリスクを複雑に組み合わせることにより、平均的リスクを低減させることができるとの仮説がそのまま信用格付に反映されていたのでした。結果的に見て、この信用格付は出鱈目でした。しかし、格付機関が提示する信用格付がそのまま大手を振って受け入れられ、膨大な残高のデリバティブ金融商品が多数の金融機関に保有されていたのです。

不動産価格下落はサブプライムローンの価値を毀損し、連動してデリバティブ金融商品の価値を毀損しました。その結果として100年に一度の金融津波と表現される大金融波乱が表面化するに至ったのです。

金融危機に際して常に問われる〝究極〟の問題があります。

金融機関の破綻が連鎖すれば、金融恐慌が発生します。その金融機関の破綻を放置すれば、金融危機が現実の経済活動を強く下方に押し下げるのです。

経済活動に過度の下方圧力を与えぬためには、金融機関破綻の連鎖を放置しないことが得策となります。中央銀行が無制限、無尽蔵の信用供与を行えば、金融機関の破綻を回避させることは可能なのです。問題は、このようなかたちで責任ある当事者に対し十分な責任追及を行わないまま、中央銀行が流動性を提供して金融機関の破綻を回避した場合に、別の問題が発生する点でしょう。

本来破綻していたはずの金融機関が生存し続ければ、巨額の損害賠償責任を負う経営幹部が高額報酬を受け取り続けることになるのです。

リーマン・ショックに連動して米国経済は著しく悪化し、多くの労働者が職を失う犠牲を強いられました。その一方で、ＦＲＢによる流動性供給によって大多数の巨大金融機関が生存し続けました。そのため本来責任を負うべき巨大金融機関の経営幹部が高額報酬を受け取り続け、安泰な立場に身を置き続けたのでした。

金融システムの安定性確保、すなわちシステムリスクを回避することと、責任ある当事者の責任を適正に問うこと。この間に葛藤が生じるのです。金融システムの安定性を確保するため

ＦＲＢが無制限、無尽蔵の資金提供に応じれば、金融危機を回避することはできるものの、適正な責任処理は実現しません。いわゆる道徳上の障害、モラルハザードを発生させてしまうのです。当時のバーナンキＦＲＢ議長は世界大恐慌の研究者として、金融機関破綻の連鎖が生じるコストを大と判断しました。この判断に基づき無制限、無尽蔵の信用供給を実行し、大手投資銀行、商業銀行、保険会社、公的保険システムの破綻を回避しました。

ニューヨークダウが２００９年３月に大底を確認し、その後２０２２年１月までの12年10か月の株価大暴騰を演じたことは前述しました。ノーベル財団は、バーナンキ議長のこの行動を〝是〟とする判定を下したことになるものの、経済政策運営上の〝公正〟を重視する立場からは当然のことながら反論が生まれることになりました。

１９９０年代初頭に発生した小規模金融機関・貯蓄貸付組合（Ｓ＆Ｌ）の問題処理に際して、米国政策当局はシステミックリスク回避と合わせて厳正な責任追及を実行しています。全体の利益確保の視点からシステミックリスクは回避するが、同時に責任ある当事者の責任を厳正に追及したのでした。

これが本来の正しい政策対応です。責任追及を伴わない過剰流動性供給による金融機関救済は、彼らの無責任な行動を〝助長〟する原因になるからです。

１９９０年代後半から２０００年代前半にかけて、日本で発生した金融危機とその対応策においても、まったく同様の問題が存在し続けてきました。日本政府はバーナンキ方式と同様にシステミックリスク回避を優先し、責任ある当事者の責任処理を実行しなかったからです。

２００３年のりそな危機においては、小泉政権を批判した経営陣だけが一掃され、小泉竹中政権の近親者がりそな銀行の新幹部として送り込まれ、金融問題処理の名の下に銀行の乗っ取り、私物化が強行されました。

この意味で米国サブプライム金融危機処理と、日本のバブル崩壊に伴う金融危機処理においては、重大な問題が残されたままになったと言わざるを得ません。

２０２０年のコロナショックに伴う株価急落に対し、米国政策当局は危機回避を優先する施策を全面に打ち出しました。これは２０２０年11月に大統領選挙を控えていたという特殊な事情も強く影響したものでもありました。

しかしながら、「過ぎたるは及ばざるが如し」です。財政出動と過剰流動性供給の行き過ぎが別の問題を引き起こすことになりました。それが表出したのが２０２２年のインフレ問題噴出です。この問題修復にパウエルＦＲＢ議長が取り組んでいるのが現状です。

## 世界恐慌の教訓

1929年9月3日をピークにニューヨーク株価が下落に転じました。株価が大底を記録したのは1932年7月8日のことです。ニューヨークダウは381ドルから41ドルに暴落したのです。この間の株価下落率は実に89・2パーセントに達しました。このニューヨーク株価暴落に端を発して、世界経済が恐慌に陥ったのです。大恐慌によって世界情勢は戦争への足取りを強めていきました。

世界中で株価暴落が最も激しかったのは米国であり、日本の株価は大きな直接的影響を受けることを回避しました。しかしながら世界経済は著しく悪化しました。さらなる経済の悪化を回避するために、各国が保護貿易主義を強めました。そのために世界貿易は停滞、大不況の波が世界を覆い尽くしたのです。

米国の工業生産指数は、1929年9月の122から3年半後の33年3月には56まで低下しました。工業生産指数の下落率は54パーセントに達しました。米国の実質GNPは1929年から1933年にかけての4年間で29パーセントも減少し、失業率は3パーセントから26パーセントへと跳ね上がりました。名目世界貿易額は1929年から1934年にかけて、なんと

66パーセントの減少を示したのです。

世界経済の落ち込みがこれだけ激しいものになった要因として、金融機関の破綻の連鎖をあげることができます。米国における破綻銀行数は１９２９年に６５９行、１９３１年に２２９３行、そして１９３３年には４０００行に達しています。

株価暴落が経済の悪化を引き起こすなかで金融機関に対する取り付けが発生し、破綻が連鎖的に広がります。この状態をいわば放置してしまったために金融危機が拡大し、経済活動に著しく大きな悪影響が生じたのです。

ダイヤモンド、デイビッグ、そしてバーナンキの3氏が２０２２年のノーベル経済学賞を受賞した最大成果は、こうした金融機関破綻の放置が逆に、経済活動停滞の原因になることを明らかにした点にありました。経済活動の断層的な悪化、世界大恐慌を回避するためには、金融機関の連鎖的な破綻を回避する方策を取ることが重要であることが示唆されています。

バーナンキ氏がサブプライム金融危機に際して断行した施策は、金融機関の連鎖的破綻を回避するための無制限、無尽蔵の中央銀行による信用供与だったことは先述の通りです。

こうした施策を正当化するために例外としてひとつの生贄《いけにえ》が求められたのです。生贄に選択されたのがリーマンブラザーズという投資銀行でした。リーマンブラザーズを破綻処理したことにより、他の金融機関救済策が正当化されたと言えるのです。

2023年に向けて世界は、新たな経済恐慌のリスクに直面しています。米国発で新たな金融恐慌の事態が発生するのか。これ以外にも、戦争リスク拡大に伴う第3次世界大戦発生のリスク、そして世界最大級の人口を擁する中国における大波乱の始動など、激動の要因は多数存在しています。新たな世界恐慌の発生を警告する書物も書店に山積みされる状況にありますが、強調しておきたい最大のポイントは、米国金融政策当局の対応により歴史の道筋は大きく分かれることになる可能性が高いという点です。

この点に2022年ノーベル経済学賞の示唆があります。金融危機が発生する局面において、政策当局が厳正な責任処理を優先すれば、金融機関の連鎖的破綻が一気に拡大することは十分に考えられます。

現在の政策運営においては、責任処理があいまいなまま、システミックリスク回避のための流動性供給だけが積極化されています。しかし長期的に考察すれば、危機が発生したときに厳正な責任処理を実行しないことが、新しい〝放漫金融機関経営〟を助長することにつながります。この問題が長期のリスクとして存在し続けることを念頭に置かなければなりません。

とはいえ、短期的には金融危機的状況が発生する場合には、中央銀行による無制限、無尽蔵の流動性供給によりシステミックリスクが遮断される可能性が高まっているとは言えるのでしょう。この意味で、世界恐慌発生のリスクが抑制される点には留意が求められます。

## パウエルＦＲＢ議長の力量

２０１８年2月にジェローム・パウエル氏がＦＲＢ議長に就任しました。前任者はジャネット・イエレン女史でした。イエレン氏はバーナンキ氏を引き継いで、２０１４年にＦＲＢ議長に就任しました。

ＦＲＢ議長に求められる資質は３つあります。

第1は、的確な経済・金融に関する専門知識です。正確な金融理論、金融政策理論を備えていることが必須の条件といえます。

第2は、その経済理論をベースに現実の経済金融変動を正確に読み抜く洞察力、政策運営能力を備えていることです。経済理論に精通していても、現実の経済金融変動を的確に捉え、的確な方策を打ち出すことができなければ意味がないからです。単なる理論の専門家だけでは、ＦＲＢ議長として通用しません。

第3の資質は、その政策判断を具体的に現実の政策運営として実行するための説得力、交渉力、対話能力を備えていることです。高度な専門知識、現実を洞察する洞察力、そしてそれを具体的な政策として実行するための対話力、処世術を身につけていることが求められるのです。

２０１４年にイエレン女史がＦＲＢ議長に就任する前、候補者が数名挙げられていました。ハーバード大学学長を経験したローレンス・サマーズ氏もその１人でした。筆者はイエレン、サマーズ両氏と個人的な面識があるなかでＦＲＢ議長としてふさわしいのはイエレン氏であり、彼女が最終的に起用される可能性が高いと予測しました。

現実にイエレン氏がＦＲＢ議長に起用されたのですが、適切な人事であったと思います。彼女はＦＲＢ議長の三大要件である高度な専門能力、現実の洞察力、市場との対話能力、政策実現のための処世術のすべてを兼ね備える稀有の人材でした。

実際に巧みな政策運営を実現しました。２０１８年の任期満了に際して、本来は彼女の続投が適正でした。しかし２０１７年1月に大統領に就任したトランプ氏が自らの人事権行使に執念を燃やしたのです。同時にトランプ氏は民主党員のイエレン氏を共和党員のＦＲＢ議長に変更することに固執しました。

仮に彼女の続投がない場合は、パウエル氏の起用が適正であると筆者は考えていました。しかし彼の力量には未知の部分が大きかった。パウエル氏は弁護士であり、元からの経済金融のプロフェッショナルではありません。このことが警戒されたのです。

結局、トランプ大統領はイエレン氏に代えてパウエル氏をＦＲＢ議長に起用しました。彼がＦＲＢ議長に就任した２０１８年年初、米国金融市場は大きく動揺しました。金利が上昇するなかでドルが下落し、株価が下落したのです。

金利上昇はパウエル議長のインフレ対応が甘くなることを警戒するものでした。金利の上昇は通常ドル上昇要因ですが、このときはドルが下落しました。金利上昇が実質金利の上昇によって生じたものでなく、将来のインフレ悪化予想によって生じる場合にはドルは下落します。いわゆる悪い金利上昇が生じたのです。

金融引き締めを嫌うトランプ大統領によりＦＲＢ議長に登用された同氏がどこまで適正なインフレ対応を実現できるのか、金融市場が警戒したのでした。

この警戒論に対しパウエル氏は発言と行動によって市場を説得しました。就任直後、パウエル議長は法律で定められている議会証言に臨み、インフレ対応を粛々と行う決意を明言したのです。

そして２０１８年、ＦＲＢは年間4回の利上げを断行しました（次ページ図表①部分）。論より証拠。具体的な政策運営でインフレの対応を抜かりなく実行することを明らかにする行動により、金融市場の懸念は完全に消滅したのです。２０１８年12月、ＦＲＢはこの年4度目の利上げを決定し、さらに２０１９年に2度利上げをする見通しを提示しました。

**FFレート**（2012年～2022年）

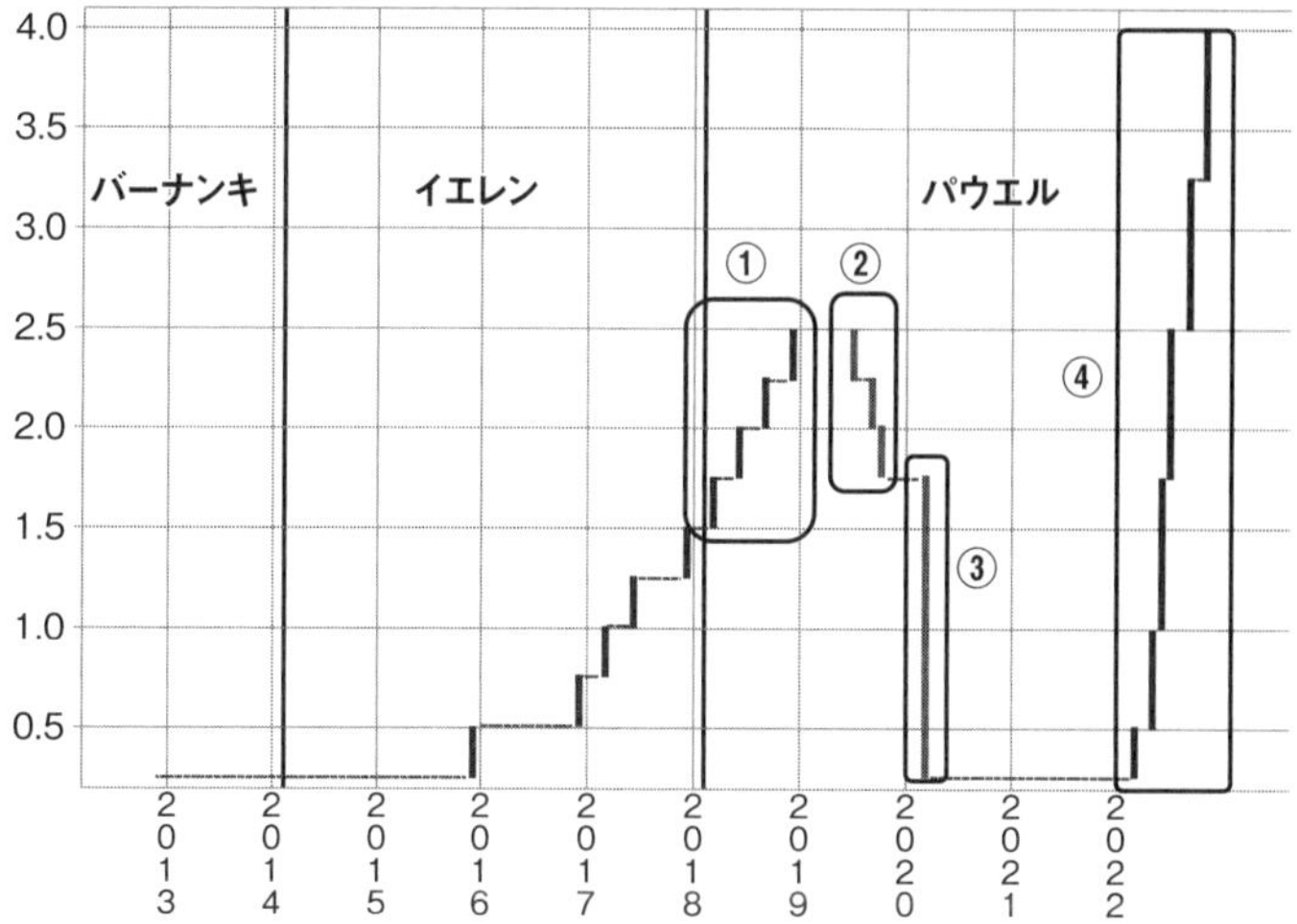


ここまで事態が進行し、金融市場は逆に金融引き締めの〝行き過ぎ〟を警戒しました。世界の株価が急落したのでした。
この事態の変化にパウエルＦＲＢ議長はすかさず反応しました。年が明けて２０１９年１月４日のシンポジウムで、同議長は金融政策を柔軟に変更する考えがあることを表明します。このパウエル発言によって市場の流れは一変、急落していた株価が急反発に転じたのです。
２０１９年の金融市場変動を主導したのは、トランプ大統領による対中国貿易戦争への対応でした。株価上昇が広がると、同大統領は中国に対して強気の行動に踏み出しました。中国からの輸入品に対する高率関税の適用を突如として発表したのです。この対中国強硬路線によって、ニューヨーク株式市場は5月と8月に急落を演じました。

この株価急落の危機に対応したのが、またしてもパウエルFRB議長でした。6月には同議長が必要な政策を実行すると発言。必要な政策とは〝利下げ〟でした。現実に2019年後半、3回連続するFOMCでFRBは3回連続の利下げを実行したのです（②部分）。

パウエル議長も先に提示したFRB議長に求められる3つの要件を完全に満たす稀有の人材であることが〝証明〟されたわけです。

そのパウエルFRBに新たな試練が襲ったのが2020年3月でした。2月から3月にかけてコロナパンデミックが広がりました。この状況変化に対応し、パウエル議長は2020年3月に果断な行動を示します。

FFレートを1・5パーセント水準から一気にゼロ金利へと引き下げたのでした（③部分）。0・25パーセント刻みでの金利変更という通常の金利変更では、6回利下げが必要なところをわずか1か月でこの値下げを断行したのです。

トランプ大統領は200兆円の財政支出追加を電光石火のごとくに決定し、これと足並みを揃えるかたちでパウエル議長はFFレートを一気にゼロ金利に誘導しました。

この財政金融両面の対応、さらに無制限、無尽蔵の信用供与の政策によりニューヨークダウは2020年3月から2020年1月までの1年10ヵ月で2倍の水準に大暴騰したのです。

コロナショックに伴う大不況の到来、金融恐慌の到来は見事に回避されました。ところが、その後〝副作用〟が明確になります。株価が2倍に上昇したことに加え、この過剰流動性が米国インフレ率の急激な上昇を引き起こしたのでした。

ミルトン・フリードマンの経済学説は弱肉強食の容認、市場原理の信奉という点で問題点が多いものです。筆者もその主張の問題点を強く認識する者の1人です。しかしながら一方で、ノーベル経済学賞を受賞した主業績であるマネタリズムの洞察そのものは依然として有効性を失っていない。その点については留意が必要だと思います。

過剰な流動性供給は名目取引量の増加をもたらします。実質取引量が別の要因で決定されるのであれば、過剰な流動性供給はインフレ発生をもたらしやすいのです。そして現実に米国ではインフレが現実の問題になりました。

FRBのパウエル議長は2021年8月のジャクソンホールでの講演で、インフレについて楽観論を提示しました。ところが2022年に入り、現実のインフレが急激に上昇率を高めるなかで、2021年夏の楽観論が〝誤り〟であったことを率直に認めています。過去の行動について誤りがあれば、無理に自己正当化せずにその誤りを率直に認める。その上で、現状判断の訂正に基づく新たな政策対応を果敢に実行する。この意味でパウエルFRB議長の政策対応スタンスを高く評価することができます。

これに対して日本銀行の黒田総裁の行動は、その対極にあります。2013年に日銀総裁に就任し、量的金融緩和政策の実施により2年以内に消費者物価上昇率を2パーセント以上に誘導すると公約しながら、2022年まで9年間、その実現をなし得なかったのです。

2022年の日本は3パーセントを超すインフレ率と日本円暴落という事態に直面しています。通貨価値の〝維持〟に責任を持つ日本銀行は、日本円暴落という通貨価値の暴落に対し、これを防ぐための方策を取る責務を負っています。

しかし、黒田総裁は金融緩和政策維持の路線に固執しています。このことは日本銀行法の定めに〝反する〟と同時に、日本国民の利益を損ねるものになっています。中央銀行の役割、そして中央銀行トップの責務を明確にし、日本銀行の政策対応を早急に〝是正〟することが必要になっています。

米国においては、パウエルFRBが勇猛果敢な政策運営を実行しているところです（87ページ図表④部分）。現在はインフレ抑止に軸足を置き、その早期実現のために全力を注ぐ姿勢を示しています。この政策スタンスが功を奏する可能性は全体として高いと言えるでしょう。

他方で2020年以降の米国の超金融緩和政策が行き過ぎた過剰流動性をもたらし、資産価格バブルを発生させた可能性については、今後の十分な精査が求められることになります。

# 第2章

# 力による現状変更と資源地政学

## 戦争発生のメカニズム

的確な投資戦略を構築するためには、世界情勢の洞察が必要不可欠です。２０２３年に向けての大きなリスクは第３次世界大戦勃発のリスク、世界恐慌発生のリスク、そして中国大波乱のリスクです。

２０２２年2月24日にロシアがウクライナにおける特別軍事作戦を始動させた戦乱は、すでに9か月の時間が経過しました。戦乱は拡大し、長期化の様相を呈しています。この戦乱がエスカレートして核戦争、あるいは原子力発電所の大事故という新たな次元の破滅に移行する可能性を否定し切れません。さらにこの戦乱と類似する新たな戦乱が極東地域において創作される可能性も否定し切れません。これらの地政学変異が金融市場を震撼させることは間違いないと思われます。

最適投資戦略を構築する上で経済金融情勢を分析することは無論必要ですが、それ以前の問題として国際情勢の変化、戦乱リスクの考察を行うことは最重要のテーマになります。

現代の戦争は必然によって生じるものではありません。必要によって創作される側面が極めて強いのです。既述したように米国の軍事産業は世界最大の産業規模を有するものです。この肥大化した軍事産業は、自己の存続のために常に戦争の〝再生産〟を迫られることになります。かつては冷戦が戦争を創作する〝大義名分〟でした。第2次大戦後に勃発した冷戦が世界各地で局地的な戦争を生み出してきました。朝鮮戦争、ベトナム戦争がその典型事例です。

1989年にベルリンの壁が崩壊すると、冷戦が戦争を創作する大義名分としての地位を喪失します。しかしながら巨大軍事産業が戦争を必要不可欠とする事情は変わるはずもない。軍産複合体は新たな戦争の大義名分を模索したのでした。

1990年から91年にかけて、イラクによるクウェートに対する侵攻という湾岸紛争、湾岸戦争が発生しました。もともとイラクのフセイン政権は、米国の庇護によって創作された政権という側面を強く有していました。このイラク・フセイン政権がクウェートへの軍事活動を展開したのですが、米国が誘発したとの側面が多分に存在します。イラクの軍事行動を誘発してこれを口実にイラクに対する戦争を遂行する。米国によるマッチポンプが湾岸紛争、湾岸戦争の真相であったと言ってよいでしょう。こうしてポスト冷戦時代の新たなフェーズが開かれたのです。

自己の存続のために中規模以上の戦争を必要不可欠とする米国軍産複合体は2000年代を迎え、新たな「巨大構図」を構築します。冷戦に代わる新しい戦争の大義名分を構築する契機になったのが、2001年9月11日の「同時多発テロ」でした。

ニューヨーク・マンハッタンのワールドトレード・センタービル2棟に大型旅客機が突入した事件です。この2つのタワーは数時間後に全体が崩落しました。さらに、このエリアの一角に存在したワールドトレード・センター第7ビルも崩落しました。すべてのビルは〝制御解体〟の方式によって崩落したとみられます。

とりわけ第7ビルは航空機が突入したワールドトレード・センターのツインタワーフィールドとは物理的に隔絶された位置に立地したビルでした。直接の影響を受けていないはずの同ビルが、まるで制御解体のモデルケースのごとくに崩落しました。このビルには事件発生直前に巨額の保険金がかけられていたことも判明しています。

ワシントン国防総省ペンタゴン・ビルに旅客機が突入したとされましたが、同ビルの側壁に生じた飛行機突入によるものとされる崩壊部分は、旅客機の両翼の長さよりもはるかに小さなものでした。このように9・11同時多発テロ事件は多くの疑惑に包まれているのです。

この事件が発生した直後に、米国ブッシュ大統領はテロとの戦争を宣言しました。米国は直ちに「同時多発テロ首謀者がアルカイダである」ことを宣言し、対テロ組織との戦争遂行体制に移行したのでした。米国軍産複合体は直ちにアフガニスタンへの進攻を決定し戦争を遂行、さらに2003年にはイラクが大量破壊兵器を保持していることを宣言した上で対イラク戦争議にもよらず、軍事侵攻を実行したのです。大量破壊兵器は発見されなかったのにもかかわらず、米国は国連安保理の決議にもよらず、軍事侵攻を実行したのです。

ロシアによるウクライナでの特別軍事作戦を米国は侵略行為と位置づけていますが、そうであるなら、イラク戦争は米国による侵略戦争であったと言わざるを得ません。この戦争におけるイラク文民の犠牲者は、10万人から100万人と推定されています。

何の罪もないイラク文民、イラク市民が米軍の侵略戦争によって犠牲になったのです。このとき、西側メディアが米国を非難したことがあったでしょうか。イラクの現地からの映像を全世界に放映し、罪なき市民が米国による侵略戦争によって犠牲にされていることを伝えたでしょうか。

2001年以後、米国は「テロとの戦争」という新しい次元に移行しました。

しかしながら2022年に至るまで、米国軍産複合体が必要不可欠とする中規模戦争は創出されませんでした。この状況のなかでウクライナの戦乱が勃発したのです。表面上はロシアがウクライナ国内において軍事作戦を始動させたことが端緒になりましたが、実態としては米国とウクライナによる〝誘導＝共同謀議〟があったと見るのが適正でしょう。

筆者は2022年4月1日に『日本経済の黒い霧』（ビジネス社）を刊行しました。原稿校正

**RTS**（2012年11月～2022年11月）

**ルーブル円**（2012年11月～2022年11月）

の最終締め切りが3月初旬でしたので、2月24日に発生したウクライナ戦乱について、急遽、筆者としての見解を要約して最終稿に盛り込むことにしました。

このなかで筆者はウクライナ戦乱が米国・ウクライナによる〝挑発行為〟によって発生した戦乱であるとの見解を表出しています。同書刊行から半年以上の時間が経過したものの、筆者の洞察はまったく不変です。戦争は必然によって生じるのではなく、必要によって創作されるもの。誰のどのような必要であるかが焦点になるわけで、真実は米国軍産複合体の〝産業事情〟という必要だったのです。

同時に、こうした戦争は米国支配勢力、いわゆるディープステイトによる世界戦略と表裏一体をなしています。米国を支配する巨大資本は、「ワンワールド世界構想」を保持しています。米国が掲げる価値観、思想哲学を唯一絶対の正義とし、この価値観を世界に〝埋め込む〟ことを目的とするものです。その実現のためには軍事力行使をも辞さない。これが米国のネオコン勢力の基本スタンスです。さらに、この戦略によって目指されるのは、米国を支配する巨大資本の〝利益極大化〟です。大資本が利益を極大化させるための基本ツールが規制撤廃、民営化、市場原理主義なのです。

力によって米国の価値観を他国に埋め込む。そして経済運営のシステムを根底から塗り替えて市場原理主義を全世界に波及させ、世界統一市場「ワンワールド」を構築する。この運動メカニズムが現代世界を突き動かす最大の行動原理「ドライビングフォース」（何かが動く力・何かを動かす力）になっている点を見落とすことはできません。

それでも米国内には、世界の多極構造を主張する者も存在はしています。しかし米国を支配する勢力の主流としての思想哲学は、ワンワールド構想にあると見て間違いないでしょう。

戦争発生のメカニズムが根本的に〝変化〟しています。戦争発生は、戦場にある地域の人々を不幸に突き落とすものです。第2次大戦で史上空前の被害を被った日本国民の多くは、2度と戦争を引き起こしてはならない「反戦の誓い」、そして「平和の地球」を心の底から求めています。この体験を経て創出された日本国憲法は、まさに世界に誇る〝世界遺産〟なのです。

しかしながら現実に戦争を創作し、戦行戦争を遂行する勢力は常に自らを安全な場に置き、他国の人々の犠牲、末端の兵士の犠牲の上に巨大利益をむさぼる存在です。彼らにとって戦争は利益極大化のためのツールにすぎず、それ以下でもそれ以上のものでもありません。

## ウクライナ戦争の深層

ウクライナ戦乱の真相を探求することが重要であることは論を俟《ま》ちません。

米国を発信源とする西側の情報統制の下においてウクライナ戦乱は、ロシアによる侵略戦争であるとされています。悪魔の帝国であるロシアが領土的野心を満たすために、ウクライナに対し軍事侵略を実行した。正義の騎士ゼレンスキー大統領が悪魔の帝王プーチン大統領に対して敢然と立ち向かい、自国を防衛するために死力を尽くしている。これが西側メディアの流布するウクライナ戦争の基本図式です。

しかしながら、その実態はこの単純図式とはかけ離れたものなのです。既述したようにウクライナは独立国として地位を確保して31年の歴史しか持たない極めて歴史の浅い国です。そもそも同国の国境線は、かつてソ連邦に組み込まれていた時代のなごりとして存立しているだけのもので、歴史、経済、社会的な必然によって確定されたものではありません。

ウクライナの国内は完全に2分されています。西北部はウクライナ語を話すカソリックのウクライナ人が主流。一方、東部、南部はロシア語を話し、ロシア正教徒のロシア系住民が大宗をなしているのです。このような状況で一方の勢力が一方の勢力を支配しようとすれば、必ず分裂か戦争になると喝破したのはキッシンジャー米元国務長官でした。

ウクライナが独立を果たした当初、ウクライナは〝親ロシア国家〟でした。この基本路線が塗り替えられたのが、2004年の大統領選挙でした。ヴィクトル・ヤヌコビッチ氏が大統領に選出された選挙に不正があったとの抗議活動が展開されたのです。これを推進したのは米国でした。再選挙が強要され、2度目の大統領選挙で親米のヴィクトル・ユシチェンコ氏が当選を果たします。つまり親ロシア政権が親米政権に転覆されたのです。この政変は「オレンジ革命」と呼ばれました。

親米のユシチェンコ氏は、選挙直前にダイオキシン中毒に見舞われました。この中毒により顔面がただれ、変わり果てた姿に変貌したのは、ご記憶の方も多いのではないでしょうか。ユシチェンコ陣営は、このダイオキシン中毒が親ロシア勢力によって実行されたことをアピールしました。第2回目投票で同氏が当選を果たした最大の背景が、この事件であったと見られています。彼に対する同情票が急増したと思われます。

しかしながら、この中毒事件の真相は定かではありません。ユシチェンコ陣営が自らダイオキシンを盛った疑いが存在するのです。真相は明らかにされていない。米国が水面下で工作し、政権転覆を図るとすれば、自ら毒を盛るという自作自演、〝偽旗作戦〟の展開は十分に想定しうるのです。

2004年の政変により、ウクライナ政府は親ロシア政権から親米政権に移行しました。しかしながら、このユシチェンコ政権は持続しなかった。政権内部の政治腐敗問題が広がり、国民の信任を失ったからです。

2010年1月の大統領選挙において、2004年の大統領選で敗北したヤヌコビッチ候補が第1位の票を獲得しました。第2位に、親米勢力の候補ユーリヤ・ティモシェンコ女史が浮上します。NATO監視団が見守る中で2月7日に決戦投票が実施され、ヤヌコビッチ氏が49パーセントの票を獲得、45パーセントの票を獲得したティモシェンコ女史を打ち破り、大統領に就任したのでした。こうして親米政権は崩壊し、親ロのヤヌコビッチ政権が誕生しました。

しかしウクライナ政権転覆を希求する米国の工作活動は、入念かつ地下深くに潜行して進行したのです。転機が生じたのは2013年11月でした。同月21日、ヤヌコビッチ大統領がEUとの提携協定への署名を撤回することを表明したのです。

この提携協定署名撤回に標準を合わせて、巨大な行動が創作されました。キエフ（当時）にあるマイダン広場で巨大デモが実施されたのです。それは米国が巨大な資金を投下し、準備工作を重ねて創出した米製市民デモでした。

もともとヤヌコビッチ大統領がEUとの提携を先送りするとの憶測が広がっていたところです。この署名先送り表明にあわせて大規模デモが実行されたわけで、連動して米国が水面下で画策してウクライナ国内に新たに3つのテレビ局が開設されました。11月21日、22日、24日に新たなテレビ局が3局も同時に開設されたのです。このテレビがヤヌコビッチ政権批判のプロパガンダを大規模に流布したことは言うまでもありません。

11月21日に始動した市民デモは当初、平和的行動に終始しましたが、これが変質させられたのが同月30日でした。市民による反対運動が突如として〝暴力化〟したのです。変質したきっかけは、この日の夜に政府が広場にクリスマスツリーの設置を強行したことによります。

デモによって占拠され、市民がひしめき合う広場に、深夜の暗闇のなかでクリスマスツリー設置が強行されたのでした。これを強行したのは、ウクライナ政府に所属するセルヒ・リョボチカと、政権転覆後に首相に就任することになるアルセニー・ヤツェニュク両名でした。深夜のマイダン広場において彼らが車の中で示し合い、騒乱に乗じての暴力行為の着手が仕掛けられたのです。暴力行為を実行したのは、米国と連携するウクライナ・ネオナチ勢力であったと考えられます。

この騒乱より市民による反対運動が暴力化し、キエフ市長官邸が占拠される事態が発生しました。平和デモは工作によって暴力デモに変質させられたのです。この暴力行動は、米国の地下工作によって創出されたものと見られます。

現地で政権転覆の陣頭指揮を取ったのはリョボチカ氏と見られます。米国国務省ビクトリア・ヌーランド次官補と親密な関係を有していたからです。米国が工作活動のすべてのシナリオを描き、これを政権内部に潜む親米勢力者と暴力革命遂行勢力とが連携して、市民デモは暴力デモに変質させられたのです。

さらに12月25日のクリスマス当日、ウクライナのジャーナリスト、タチアナ・チョルノビル女史が道路で暴徒により残酷に殴打されたとのニュースが流布されます。彼女の変わり果てた姿の写真、映像が新聞に大々的に掲載されました。市民デモがウクライナ当局により、暴力行為を受けたとのプロパガンダが流布されたのでした。

しかしながら、この事案も自作自演のものであった疑いが濃厚なのです。２０１４年の政権転覆後に樹立された政府において、ジャーナリストのチョルノビル女史は見事に国会議員の議席を確保しています（のちにアゾフ大隊に入隊したという情報もあります）。

周到に準備された工作により、政権転覆劇が進行したのです。

市民デモが暴力デモに変質するなか、クライマックスは２０１４年2月に到来しました。同月21日、ウクライナ政府と野党EU代表が危機解決協定に調印したのです。さらに政府は、大統領選挙を年内に前倒し実施することを確約します。この危機解決協定への調印によって騒乱に終始符が打たれたかに見えました。

ところが、この平和解決を納得しない人物が存在したのです。前述の米国国務省ヌーランド次官補です。彼女と米国駐ウクライナ大使であるジェフリー・ピアット氏の電話連絡の内容がユーチューブで暴露されました。電話会談は２０１４年1月28日に行われたものでした。

この電話連絡内容には、２つの重要事実が含まれていました。第1は政権転覆後のウクライナ新政府の主要人事について2人が会話をしている事実です。

ヌーランド次官補は反対勢力の中のリーダーシップに触れ、「元ボクシング世界へビー級チャンピオンのビタリ・クリチコや、ウクライナ極右政党スボボダ党首オーレフ・チャフニボークには問題がある。ユシチェンコに近いヤツェニュクにスポットが当たるようにしたほうがよい。クリチコは政府部内に入れないほうがいい」などの意見を述べていました。このように新政府幹部の人事案を、米国国務省次官補と米国駐ウクライナ大使が会話していたのでした。

もう1つの重要事実は、ヌーランド女史がEUのウクライナ政府との会話姿勢について怒りをぶちまけたことでした。彼女は「ファックEU!」との表現を用い、EU諸国が対話で問題解決を図る姿勢に怒りをぶちまけたのです。この会話に示された通り、2月21日にEUはウクライナ政府と危機解決協定への調印を行いました。

この調印により、ウクライナ騒乱に終止符が打たれるはずでした。ところが、この平和解決を〝是〟としない米国が最終行動を引き起こしたと見られるのです。

2月22日未明、マイダン広場に参集するデモ隊およびウクライナ警察警官29名が何者かにより射殺されました。この大量殺戮《さつりく》を契機に暴徒化した群衆が国会議事堂を占拠するに至りました。この騒乱を受け、ウクライナのヤヌコビッチ大統領が国外に逃亡します。ここにおいて、非合法政府が樹立されたのです。

問題は、この2月22日の29名射殺事件の真相です。現地で調査にあたったエストニアのウルマス・パエト外務大臣がキエフから帰国後の26日、キャサリン・アシュトンEU外務大臣と電話連絡を行っています。

この会話内容もユーチューブで暴露されました。エストニア外務省は漏洩《ろうえい》した電話連絡の会話が正確であることを確認しています。パエト外相は射殺事件について、「市民と警官を狙撃したのはヤヌコビッチ政権の関係者ではなく、反対運動の側が挑発行動として起こしたもの」と発言。同外相は「すべての証拠がこれを証明している。特にキエフの女性医師は私に対し、狙撃に使われた弾丸が同じタイプのものであることを写真で示した」と発言しています。

同時に彼は「ウクライナの新政権が、何が本当に起こったのかについて調査をしようとしていないことは極めて問題である」とも発言していました。つまり22日未明に何者かが市民デモ参加者ならびにウクライナ警察の警官を狙撃した。この射殺事件によって群衆が暴徒化し、国会議事堂が占拠され、ヤヌコビッチ大統領が国外に退避する事態が発生。これによりウクライナに非合法新政府が樹立され、政権が転覆されたのでした。

新政府の樹立は、ウクライナ憲法の規定に基づかないかたちで創設されました。この意味で「非合法政府」であると言えるのです。騒乱の真相は、ウクライナに存在するネオナチ勢力と結託する米国が引き起こしたものでしょう。なぜなら、この非合法政府を世界の中でいち早く

「正統政府」として"承認"したのが米国だったのです。「力による現状変更」とは、こうした政権転覆を指す言葉である言わざるを得ません。

ウクライナ新政府は、2014年2月23日に「ウクライナ民族社会」の設立を発表しました。その内容は、ロシア語を使用するすべての者からウクライナ民族社会の正当なメンバーという地位を剝奪すること、市民権および正常の権利において差別することなどでした。

非合法政府の副首相、農業大臣、環境大臣、教育大臣、スポーツ大臣、国家安全保障および国防会議議長などの主要ポストに「スボボダ」などのネオナチ勢力幹部が多数登用されました。首相に就任したのは、あのヌーランド女史が電話で名を挙げたヤツェニュク氏でした。

新政府は、ウクライナ内部に居住するロシア系住民に対する人権侵害、虐殺虐待行為を実行したのです。2014年10月23日に、このマイダン広場クーデター後に大統領に就任したペトロ・ポロシェンコ大統領は、オデッサで次のように発言しました。

「年金生活者と子供たちに給付金を与えるが、あの者たちには与えない。我々の子供たちは学校にも幼稚園にも行くが、あの者たちの子供は地下室にとどめる。あの者たちは何もできないからだ。そうすることによって、この戦争に勝つのだ」

この発言にある「あの者たち」とは東部ドンバス地方、「ドネツク・ルガンスク両州」の人々のことを指すものでした。

２０１４年の政権転覆は、米国が工作活動により創出した〝暴力革命〟と言えるのです。このせいでウクライナの親ロシア政権が破壊され、ロシア系住民に対する人権侵害と虐待行動を展開する「ウクライナ民族主義者政府」が樹立されたのです。

このことに対して、ロシアが異議を唱えるのは当然のことでした。

ウクライナ内部においても、ロシア系住民を中心に抵抗運動が始動します。東部ドンバス地方「ドネツク・ルガンスク両州」においては、ウクライナ民族主義者政府が人権侵害と虐待行為を展開するなかで、住民が抵抗運動に立ち上がりました。クリミアでは、住民が住民投票によってロシアへの帰属を決定しました。

西側報道は「ロシアがクリミアを一方的に併合した」と伝えるだけです。しかしクリミア地方はロシア系住民が圧倒的多数を占めており、大統領選においてもヤヌコビッチ氏への投票率が82パーセントを記録した地域です。さらにドネツク・ルガンスク両州における同氏への投票率は93パーセントから96パーセントに達していました。クリミアにおいて住民が〝自主的〟にロシアへの編入を決定することは、当然の行為であると推測されます。またドネツク・ルガンスク両州において民族主義者政権に対する抵抗運動が勃発するのも当然の結果であると言えるでしょう。この抵抗運動に対し、ウクライナ政府が軍事的攻撃を展開しました。結果として国内において戦闘が勃発しました。その内戦を収束するために制定されたのが「ミンスク合意」

でした。

ウクライナには「ネオナチ」と表現される極右の民族主義勢力が根強く存在しています。1920年代から50年代にかけて、ウクライナ民族主義者組織OUNが活動を活発化させました。ウクライナ民族主義者は、ナチスドイツがウクライナ西部を占領した時代、ユダヤ人虐殺、ポーランド人虐殺などに加担しました。その首謀者ステファン・バンデラを崇拝するウクライナ民族主義勢力が現代まで存続し続けてきたのです。にもかかわらず米国は、このウクライナ民族主義者を庇護したのでした。第2次大戦後、ナチスドイツの戦争犯罪が追及されました。ウクライナ民族主義者も本来なら戦争犯罪責任を問われる存在でした。しかし1946年以降、米国情報機関とウクライナ民族主義者が強く結び付き、米国当局は「冷戦への対応の必要性」の名の下にOUN治安部隊の犯罪行為を免責したのでした。このなかで西部を中心にウクライナ民族主義者組織が存在し続けたのです。

1991年にはチャフニボーク氏を党首とするスボボダ（全ウクライナ連合「自由」）が結成され、94年にはドミトリー・ヤロシ氏が主宰する極右組織トリズーブも創設されました。元ボクシング世界チャンピオンのクリチコ氏は同種の極右組織ウダールの党首であり、ヤロシ氏はライトセクターを主宰するに至った。政権転覆後、こうしたネオナチ極右勢力がウクライナ正規軍に組み込まれたのでした。

ウクライナの新興富裕勢力であるオリガルヒの代表的人物がイーホール・コロモイスキー氏であり、2014年の政権転覆後に大統領に就任したポロシェンコ氏などもその1人です。こうしたオリガルヒはそれぞれに私兵を有していて、その1つにアゾフ大隊が存在します。アゾフ大隊はコロモイスキー氏による私兵極右勢力でしたが、ウクライナ政権転覆後に国家警備（親衛隊）に基づく国家警備隊構成に編入されています。

このアゾフ大隊について日本の公安調査庁は国際テロ組織としての注意喚起を促す情報を、かねがね公式ホームページに掲載していました。しかしウクライナ戦乱勃発後、アゾフ大隊が正規軍に組み込まれていることが伝わると、公安調査庁はこのページを削除しています。

いずれにせよウクライナにおいては、いわゆるネオナチと表現される極右勢力が大規模に存続し続けているのです。2014年の政権転覆以降、とりわけロシア系住民に対する人権侵害と弾圧行為を広く繰り広げてきたのです。東部ドンバス地域における人権侵害と虐待行為は、「国際アームネスティ」も公式報告書において警告を発しているのです。

このウクライナ内戦を収束するために制定されたのが「ミンスク合意」でした。2014年9月のミンスク1と、2015年2月のミンスク2の2つの協定が制定されています。

最重要の2015年2月制定の「ミンスク2」は国連安保理で決議され、国際法としての地位を獲得しています。その最重要の取り決めは、第11項目にあります。「2015年末までのドネツク・ルガンスク州の個々地区の特別地位に関する永続法の採択」でした。

ドネツク・ルガンスク両地域に対し、高度の自治権を付与することが確約されたわけです。この両地域に高度の自治権が付与される場合、自動的にウクライナのNATO加盟は消滅します。つまりロシアにとって最大の脅威であるNATOの〝東方拡大〟に歯止めがかけられる協定内容になっていたのです。

ウクライナ政府がこの合意履行を誠実に実行していれば、戦争は〝回避〟できたのです。その努力を放棄し、ロシアとの軍事対決路線を一方的に打ち出したのはゼレンスキー政権です。それを背後から誘導し推進したのが、米国のバイデン政権なのです。

バイデン大統領はロシアが軍事行動に着手したとしても、米国は動かないことを確約していました。このことがロシアの行動を〝催促〟したと言っても過言ではありません。ロシアは、このまま事態を放置すれば、ウクライナのNATO加盟がなし崩しで強行される可能性を認識しました。ロシアは米国とウクライナに対し再三警告を発しましたが、両国がこの警告を一蹴したのです。やむにやまれる状況に追い込まれ、ロシアが行動を引き起こしたというのが問題の真相なのです。

## 極東有事の方程式

ウクライナ戦乱発生のメカニズムを精査すると、一般的に流布されている情報と著しい乖離が存在することがわかります。この戦乱が発生した主因は国内における内戦収束のための協定であるミンスク合意をウクライナ政府が一方的に破棄したことにあります。

この合意はウクライナ政府、ドネツク・ルガンスク両地域の代表者、そしてロシア、フランス、ドイツが関与して制定された国際協定です。国連安保理で決議され、国際法としての地位を獲得しています。この履行がウクライナ和平への最重要要件だったのです。

しかし、この合意を一方的に破壊したのがウクライナ政府であり、その破壊行為を裏から糸を引いて推進したのが米国でした。協定が一方的に破棄されたことを受けて、ロシアが軍事作戦を始動させました。国際紛争を解決するために武力を行使した点において、ロシアの行動は非難されるべきです。しかしミンスク合意という国際法を一方的に破壊したウクライナの行動は極めて罪深いと筆者は思います。回避可能であった戦乱を現実化させた責任の大半はウクライナ側にあると断じて差しつかえないでしょう。

その背後には、中規模戦争を必要不可欠とする米国軍産複合体の〝産業事情〟が存在したわけです。軍産複合体の必要により戦争は人為的に創作される、我々はこの事実を冷徹に見詰めることが重要です。今後においても、彼らが必要とする人為的創作物としての戦争が繰り返し引き起こされる可能性が高いからです。

その次の戦争の最有力候補として浮上しているのが、極東地域における戦乱発生です。この戦乱発生のメカニズムは、驚くほどウクライナの戦乱発生メカニズムと〝酷似〟しています。この点を検証する必要があるでしょう。

日本と中国は1972年に国交を正常化させ、2022年9月、国交正常化から50周年という大きな節目を迎えました。

しかし日中国交正常化50年を祝福する祝賀ムードは極めて乏しかったのです。2010年以来10年以上にわたり、日中関係が激烈に悪化していたからでした。この日中関係激烈悪化はどのような経緯でもたらされたものであるのか。この事実を正確に押さえることが必要不可欠なのです。この検証を通じてウクライナにおける戦争創作のメカニズムと、まったく同種の工作が背後に存在することが明確になるからです。

日中関係が激烈に悪化した直接の最大契機は、2010年9月7日の尖閣海域中国漁船衝突事件でした。尖閣海域で操業する中国漁船と海上保安庁巡視艦が衝突したのです。その映像が公開され、大きな国民的関心事として浮上しました。

この漁船衝突事件は人為的に創作されたものでした。そのメカニズムをほとんどの日本国民が認識していません。結論を先走って表現すれば、尖閣海域での中国漁船衝突事件を発生させた原因は〝日本側〟にあったのです。

日本側の不誠実な行動がこの事件を発生させる原因となり、日中関係を激烈に悪化させる原因になりました。非があるのは中国ではなく日本でした。

1972年の日中国交正常化に際して、尖閣諸島の領有権問題が議題に上りました。日中両国が尖閣諸島の領有権を互いに主張し、国交正常化実現にとり最大の難関になったのでした。

この問題をクリアするために、日中両国政府首脳が知恵を絞り生み出されたのが「棚上げ合意」でした。尖閣諸島の領有権問題の決着を将来に先送りすることで決着がついたのです。

このことをはっきりと示す証拠となる文章が存在します。1979年5月31日付「読売新聞社説」です。該当部分を抜き出してみます。

「尖閣諸島の領有権問題は1972年の国交正常化の時も、昨年夏の日中平和友好条約の調印の際にも問題になったが、いわゆる『触れないでおこう』方式で処理されてきた。つまり、日中双方とも領土主権を主張し、現実に論争が存在することを認めながら、この問題を留保し、将来の解決に待つことで日中政府間の了解がついた。それは共同声明や条約上の文書にはなっていないが、政府対政府のれっきとした『約束ごと』であることは間違いない。約束した以上は、これを遵守するのが筋道である」

読売新聞は社説でこう論じました。尖閣諸島の領有権を日中両国が主張し、これが問題になったものの、処理を将来に先送りするという「棚上げ合意」が成立したことを読売新聞が明記しています。

この「棚上げ合意」に基づいて、尖閣海域の両国漁船取締り方式について協定が結ばれました。それが2000年6月に発効した「日中漁業協定」でした。

日中漁業協定では、尖閣海域が存在する北緯27度以南は新たな規制措置を導入しない。現実的には、自国の漁船を取り締まり、相手国漁船の問題は外交ルートでの注意喚起を行うとされました。この協定に準拠し、尖閣海域の相手国漁船の問題は海上保安庁が取締りの対象とはせず、外交ルートで注意喚起を行うこととして運用されてきたのでした。この運用が継続されていれば、2010年9月の中国漁船衝突事件は発生していません。ところが、この日中間の取り決めが〝反故〟にされました。反故にしたのは中国ではなく、日本です。

2010年6月8日、当時の菅直人内閣は質問趣意書に対する答弁書を閣議決定しました。その閣議決定内容は以下の通りです。

「尖閣諸島に関する我が国の立場は、尖閣諸島をめぐり解決すべき領有権の問題はそもそも存在しないというものである」

つまり事件の3か月前に菅内閣は、日中間に尖閣諸島の領有権をめぐる問題はそもそも存在しないと閣議決定したのです。この内容が先述した「棚上げ合意」と根本的に食い違っていることは明白でした。読売新聞が社説で明言した日中両国政府間の「棚上げ合意」は領有権問題が存在し、その解決を将来に委ねることで合意したというものでした。

これに対し菅内閣の閣議決定は、尖閣諸島をめぐる領有権問題はそもそも存在しない。日本政府はこの時点で尖閣諸島の領有権を主張しており、尖閣諸島は日本固有の領土であるという立場を主張したのです。この点について中国と係争関係にある問題は存在しないと閣議で決定したのです。この閣議決定を海上保安庁は「外国漁船取締りを日中漁業協定基準から国内法基準に変更せよ」と解釈し、尖閣海域の取締り方法を〝変更〟したわけです。この変更を指揮したのは、前原誠司国交相（当時）であったと考えられます。

従来は、海上保安庁巡視船が中国漁船を追い払うだけだったのに、9月7日は1隻の中国漁船を接触するほど追い上げた挙げ句、他の海上保安庁巡視船がぶつかり、接触から3時間も追い回した末に中国漁船と乗組員を確保し、船長を逮捕する騒ぎになりました。これにより尖閣海域中国漁船衝突事件が発生したのです。以上の経緯を見れば、問題が発生した背景は明確です。

日中国交正常化の時点で両国政府は尖閣諸島の領有権問題を互いに主張し、これが日中共同声明調印の大きな障害になりました。そこで両国政府が知恵を出し、問題解決を先送りすることで決着し「棚上げ合意」が成立した。この合意を日本政府は2010年6月8日に一方的に破棄したのでした。

この日は、菅直人内閣が発足した初日でした。菅首相がこれを吟味して決定したとは考えられません。同年の鳩山由紀夫内閣から菅直人内閣への政権交代は、対米自立内閣から「対米隷属内閣」への転換でした。

菅直人氏は対米隷属を宣誓するかたちで、日本の首相に就任したのでした。この内閣発足にあわせて米国が水面下で指令して、この閣議決定が行われたと考えられるのです。とはいえ実際に閣議決定を行ったのは菅内閣であり、日本政府は中国とのれっきとした合意協定を一方的に破棄して破壊しました。

このことによって中国漁船衝突事件が発生し、日中関係が飛躍的に悪化したのです。菅内閣が発足する4か月前の同年2月に米国国務省のカート・キャンベル次官補が来日しています。当時の小沢一郎民主党幹事長との会談が目的でしたが、直前にキャンベル氏は前原誠司氏と会談しています。この会談内容をウィキリークスが暴露しました。前原氏は、「小沢は相手によって発言内容を変える」ことをキャンベルに注意喚起するとともに、現状のまま推移すれば、年末の沖縄県知事選で普天間基地の県外移設を訴える伊波洋一候補が当選する可能性があることを警告しています。この前原氏が陣頭指揮を取り、尖閣海域の海上保安庁中国漁船取締り方式が変更され、中国漁船衝突事件が引き起こされたのです。

この中国漁船衝突事件発生により国内において中国脅威論が声高に叫ばれた結果、年末の沖縄県知事選において保守系である現職の仲井《なかい》眞《ま》弘多《ひろかず》知事が伊波氏を抑えて再選を果たしました。前原氏が米国の意向に沿って動いていたことがわかります。


ミンスク合意を一方的に破棄したのはウクライナでした。このことによりウクライナとロシアの関係が劇的に悪化し、戦乱創出が導かれました。日本と中国の間にあった「棚上げ合意」が一方的に破棄され、中国漁船衝突事件が創作されました。これを契機に日中関係が劇的に悪化し、現在の米中戦争勃発、日中戦争勃発という危機が作り出されているのです。

戦争創作に向けてのメカニズムとして、ウクライナ戦乱発生のメカニズムと極東地域不安定化のメカニズムは酷似しているのです。

この点に関してもう1つの重要問題が存在します。それは台湾問題です。台湾問題について、中国の主張の〝核心〟が2点存在します。

第1は、中華人民共和国政府が中国を代表する唯一の合法政府であること。第2は、台湾が中華人民共和国の領土の不可分の一部であること。この2点が中国の主張の核心です。このことに対する日本と米国の立場が微妙に〝異なる〟ことを確認しておかねばなりません。

1972年9月29日に締結された日中共同声明において、日本は1番目の中国の主張を「認め」、2番目の主張については「十分理解し、尊重する」としています。その上で2番目の中国の主張について、「ポツダム宣言第8項に基づく立場を堅持する」と明記しています。

ポツダム宣言第8項は、「カイロ宣言の条項は履行せらるべく」という内容を含んでいるのです。カイロ宣言は、台湾および澎湖諸島を中華民国（当時）に返還させることが対日戦争の目的の1つであると明記するものです。

カイロ宣言を発表した当時の中華民国を継承する唯一の合法政府が中華人民共和国政府であることから、この宣言は台湾、澎湖諸島を中華人民共和国に返還させることが対日戦争の目的の1つであるという内容になるのです。

日本政府は共同声明においてカイロ宣言の条項は「履行せざるべく」とするポツダム宣言第8項に基づく立場を堅持すると明記しているため、台湾および澎湖諸島を中華人民共和国が取り戻すことを認める内容に調印したことになります。このように、直接的な表記ではないものの台湾の領有権を中国が保有することを日本が認める記述になっているのです。

これに対して米国と中国との取り決めは異なっています。米国は、中華人民共和国政府が中国を代表する唯一の合法政府であるという中国の1番目の主張を「リコグナイズ＝承認」し、2番目の台湾が中華人民共和国の領土の不可分の一部であるという主張について「アクノレッジ＝認知」するという立場を取っているのです。

同時に米国は1979年に「台湾関係法」を制定して台湾に有事が発生した場合、米国が介入することを〝オプション〟と定めました。米国が必ず介入すると確約していませんが、介入する可能性を残しているのです。

台湾有事の際の米国の対応については曖昧で、これを「ステラティジック・アンビグイティ＝戦略的曖昧さ」としているのです。つまり米国は台湾の中国帰属について立場を明確にしていない、軍事オプションを活用する可能性を残しているわけです。

これに対し日本と中国の取り決めである日中共同声明の内容を正確に読み取るならば、日本政府が台湾の中国帰属を認める内容になっています。米国と日本の台湾問題に対する国際協定上の立ち位置は、明確に異なっているのです。従って安倍元首相が述べた「台湾有事は日本有事」という表現は誤りと言わざるを得ません。

しかしながら日本政府の〝不誠実〟な実績を踏まえるのであれば、米国の指令に従って台湾問題に対する公式的立場を一方的に変更することが生じることを否定し切れません。

米国が日本政府の不誠実な行動を誘導、あるいは指令、あるいは命令し、日中間の関係悪化を誘導している可能性が十分にあるのです。米国はウクライナ政府の不誠実な行動を誘導し、戦争を引き起こした実績を有しています。米国が同様の手口で、日本の中国に対する不誠実な行動を誘導、命令し、極東地域で新たな戦争を創作する可能性が明らかに存在するのです。

台湾有事および極東における戦争発生というリスクは、このようなメカニズムを踏まえると否定しきれぬ問題になっていることがわかります。

## ワンワールド世界秩序への野望

米国のネオコンサバティブ、新保守主義勢力は、ワンワールド新世界秩序構築への野望を隠そうとしません。

ネオコンの基本的なスタンスは、世界を善悪2元論的な対立構図で捉え、外交政策に道義的な明快さを求めるもの。そして自由、民主主義、市場経済など米国の考える「道義的な善」を実現するため、米国は己の力を積極的に使うべきだと位置づけるものです。そして必要なら、単独で〝先制的〟に軍事力を行使することも厭わない。これが米国のネオコンの流儀なのです。

ネオコン側から、しばしば**「価値観外交」**という言葉が使われます。自由、人権、民主主義、市場経済、法の支配という価値観を共有する国との連携を深めるというものです。

しかしながら、この考え方には決定的な〝矛盾〟があります。5つの思想、価値の1つである民主主義の本質はどこにあるのでしょうか。

民主主義の〝本質〟は多様な価値観、思想、哲学の同時存在を容認し、併存を認めるというものです。他方で価値観外交の主張は、この民主主義の立場と決定的に矛盾します。米国が絶対的善と規定する価値観だけを唯一の絶対的正義と見なし、他の価値観、思想、哲学の存在を否定する点に米国ネオコンの大きな特徴があります。

中国やロシアを権威主義国家と規定し、その存在を認めないという価値観外交の中軸に置かれているのは、自由と市場経済なのです。民主主義、法の支配、人権はとってつけた飾り物にすぎず、自由と市場原理に基づく経済社会運営を世界に埋め込む。そのことによって利益を獲得するのは巨大資本に他なりません。巨大資本が自らの利益を極大化する、これがネオコンの行動様式の〝裏側〟の経済戦略なのです。

経済学者ジョン・ウィリアムソン氏が定式化した「ワシントンコンセンサス」の核心は、小さな政府、規制緩和、民営化、市場原理という経済社会運営メカニズムを全世界に埋め込むことにあります。米国が絶対正義とする自由と市場原理に基づく運営を全世界に埋め込み、軍事力の行使も辞さないとするのが米国の基本的立場であり、これが「21世紀型の新・帝国主義」なのです。

ロスチャイルドが1774年に定めたとされる25ヵ条の「世界革命行動計画」においては、2つの重要点が提示されています。

1つは、最終目標である世界政府に到達するためには、大規模の独占、莫大な富の蓄積が必要とされるだろう。すなわちゴイム（奴隷）からその不動産、産業を奪うため、重税と不当競争を組み合わせてゴイムの経済破綻を引き起こさなければならないという規定。もう1つは、最終的には、我々の運動に尽くす少数の金持ち、および我々の利益を守る警察と兵士と、プロレタリアートの大衆が残ればいい。ゴイムに殺し合いをさせるため、大々規模の武装増強が開始されなければならないという規定があるのです。

ひと握りの支配者と、圧倒的多数の無産階級奴隷労働者による世界を構築するというわけです。これが大資本による究極の世界戦略だとすれば、その実現を目指しているのが米国の支配者ディープステイト、巨大資本の本音であると言ってもよいでしょう。

しかしながら世界は彼らが描くほど単純な図式で成り立つものではありません。前述した日経新聞全面広告がいみじくも指摘したように、ロシアの軍事活動を非難するものは全世界人口の3分の1に過ぎず、ロシアに同調する勢力が3分の1存在し、中立勢力が3分の1も存在するのですから。欧米の主張だけが日本のメディアを通じて流布されますが、人口比においては非欧米勢力が少なくとも多数を占めるのです。ユーラシア大陸においても中国、インドが欧米とは距離を置いた立ち位置を示しています。

しかしながら世界の経済、金融変動を洞察するにあたり、少なくとも短期的には依然として全世界の中で最も強い影響力を保持する欧米勢力の行動様式がもたらす地政学変化、国際情勢変化に光を当てざるを得ないのです。

## 好戦と謀略の共和国アメリカ

ウクライナ戦乱においてロシアの戦争犯罪が指摘されています。軍人ではなく一般市民が攻撃の標的にされることを戦争犯罪だと糾弾する説が流布されています。

第2次大戦の戦火に見舞われた日本国民の感覚からすれば、理解しがたい論調です。日本列島は大規模空襲を受け続け、戦争末期には広島、長崎に原子爆弾も投下されました。

沖縄での地上戦では数十万人の一般市民が犠牲になりました。1945年3月10日の東京大空襲では、一夜にして10万人規模の一般市民が焼夷弾攻撃により焼き殺されました。広島、長崎の原爆投下による被害は言うまでもありません。

これらの一般市民大量虐殺行為は本来なら戦争犯罪なのです。しかし戦争犯罪で裁かれるのは〝敗者〟の側だけでした。勝者は自らの戦争犯罪を裁くことをしないからです。

ウクライナ戦乱の戦争犯罪が指摘されても、これをはるかに上回る残虐行為が米軍によって日本で実行された事実を伝える報道は皆無に近いのです。

2003年に実行された米国によるイラク侵略戦争においては、10万人から100万人の一般市民の犠牲者が生まれています。米国は国連安保理決議を無視するかたちで侵略戦争を始動させ、大量破壊兵器が存在することを大義名分としましたが、これらは一切発見されなかったのでした。この戦争に対する非難がどれだけわき上がったのでしょうか。ウクライナ戦乱を論評する際に、相対的な比較は必要不可欠です。


米国の過去の行動を見れば、米国が「謀略と好戦の国家」であることが鮮明に浮かび上がってきます（油井大三郎著『好戦の共和国アメリカ』岩波新書）。

1898年の米西戦争においてキューバ情勢が緊迫するなかで、ハバナ湾に停泊中の米戦艦メイン号が突然沈没し、米兵266名が死亡しました。原因不明のまま、米海軍がスペイン軍からの攻撃を示唆し、メディアが扇動的な報道を展開しました。その結果、スペインとの開戦を支持する世論が形成されたのです。しかし後の調査によって、戦艦メイン号沈没の原因は同艦内部の事故によることが判明しています。

1964年勃発のベトナム戦争を本格化させる引き金になったのは、北ベトナムによる米軍に対する攻撃情報でした。この情報を元に米国のリンドン・ジョンソン大統領が直ちに報復攻撃を命令し、戦争が本格化したのです。

しかし、この経緯についても1971年にニューヨークタイムズ紙が衝撃的事実を報じました。米軍がトンキン湾に軍艦を侵入させ、そのことによって北ベトナムの攻撃を誘発させたものであったとの事実を暴露したのです。米国の謀略によって北ベトナムによる一方的な攻撃という虚偽情報が流布され、ベトナム戦争への本格参戦が実行されたのでした。

1990年8月2日に発生した湾岸紛争、91年1月17日以降の湾岸戦争において、米国はイラクに対する軍事行動を実行しました。この軍事行動に対する米国国内の懐疑的世論を変えたのは、クウェート人少女の米国下院公聴会での証言でした。少女は、イラク兵がクウェートの病院で保育器の赤ん坊を投げ捨てるのを見たと証言。このことが米国の軍事行動を支える重要契機になりました。しかしながら後に、この少女は駐米クウェート大使の娘で現地に滞在していなかった疑いが存在するなど、証言内容に信憑性がないことが判明したのです。

謀略国家としての米国、そして常に戦争を好んで実行する好戦の共和国としての米国の実相が裏付けられる事例は枚挙に暇がありません。

トランプ大統領は北朝鮮との和平確立に尽力しました。米国と北朝鮮は、現段階でも交戦状態にあります。この戦争を終結させ、最終的に平和条約を締結し、朝鮮半島の平和と安定を図ることをトランプ大統領は指向したと思われます。そこで北朝鮮の金正恩総書記と2度にわたるトップ会談を実現したのです。しかしながら米朝交渉は失敗に終わりました。

米朝交渉が失敗した最大の理由は、米国側の提案内容の〝急変〟にありました。北朝鮮が飲むことのできぬ条件が突きつけられ、交渉は決裂したのでした。米朝交渉失敗を誘導したのはボルトン補佐官であると見られます。

米国における最大産業である軍産複合体にとって、世界各所における緊張関係が生命線なのです。世界平和、世界和平が実現すれば、軍産複合体はその存在意義を失ってしまうのです。

巨大産業を維持させるために必要な要件は、定期的な中規模戦争の発生とその戦争の大義名分となる世界各所における緊張関係の創作に他なりません。

こうした事情から軍事的緊張の火種は、米国軍産複合体によって〝温存〟されていると考えられます。巨大資本勢力は、常に両建てで戦争を創作します。戦争は一陣営のみで成り立たないので、ある程度拮抗する、対立する複数勢力が必要なのです。

例えば明治維新に際して、幕府と官軍との戦いがありました。英国とフランスによる代理戦争の色彩も存在しました。東西冷戦も東側勢力と西側勢力に拮抗した軍事力を付与することによって創作されていました。何度も申し上げますが、戦争は必然によって生じるものではなく、必要によって生じるものなのです。

世界最大の産業である米国の軍産複合体は常に戦争の火種が温存されるように行動し、火種が尽きることがあれば新たな火種を創作することに全力を注ぎます。こうした人為的な戦争が定期的に引き起こされる、極めて不健全な状態が当面は持続することを前提に置かねばなりません。

## エネルギーの地政学

人間が生存を果たしていく上で、必要不可欠な物資があります。食料、エネルギー、鉱物資源・貴金属、軍備、金融です。米国の支配者＝ディープステイトはこれらの戦略物資の支配を目論んできたのです。日本で「経済的安全保障」の論議があり、日本の技術が中国に流出するのを防ぐことが重要などの論議を行っています。しかし、もはや最先端の科学技術において、中国は情報流入国ではなく情報流出国に転じているのです。

文部科学省科学技術・学術政策研究所（ＮＩＳＴＥＰ）が２０２２年8月に発表した「科学

技術指標2022」によれば、世界的にインパクトのある自然科学分野の論文数で日本は20年あまりの間に4位から10位に陥落しました。他の論文によく引用され、注目度の高い論文である「トップ10％補正論文数」で日本は世界10位から12位に低下。より重要度の高い「トップ1％補正論文数」では、日本は過去最低の10位に落ちたのです。日本のトップ1％補正論文数の世界に占める比率は1・9％に過ぎません。トップは中国で27・2％、第2位が米国で24・9％でした。科学技術分野でも中米二強体制が確立されており、いまや日本からの情報流出を警戒するべき局面ではなくなっているのです。

人間の生存に欠かせない根源的な物資が食料とエネルギーでしょう。その根源的物資をすべての国が最重要の戦略物資として重視し、その安定確保に努めています。ところが日本では、この最重要戦略物資である食料とエネルギーの確保がまったく実現していないのです。

日本の食料自給率はカロリーベースで38％。生存のための食料エネルギーの6割以上を海外に依存しています。気候変動が拡大し、世界が大規模飢饉に見舞われるリスクは年々高まっています。それにもかかわらず、日本政府は食糧自給率を高めるどころか、食料自給率が失われる方向に政策を運営しているのです。

日本が旗を振って参加したCPTPP協定によっても、日本の一次産業の存続が一段と困難になる状況が生まれています。日本政府は米国と協議して、米国の巨大資本の要求に従って、日本の諸制度、諸規制を改変することを米国に確約してしまいました。種子法が廃止され、種苗法が改定され、食料を生み出す種子に対するアクセスさえ日本の農家が失う事態が生まれ、加速しているのです。

日本が国家としての戦略的発想、戦略的対応を示すことができなければ、最終的に路頭に迷うことになるのは日本の一般市民ということになります。コロナパンデミックは世界の物流が瞬時にして途絶える可能性のある現実を明らかにするものでした。ウクライナでの戦乱発生はエネルギー供給大国の行動変化によってエネルギーの安定確保が困難になる現実を私たちに突き付けるものでした。不安定性、持続不可能性という脆弱な基盤の上に立つ日本。それにもかかわらず、現実を認知できず、対応もできない日本という悲しい現実が広がっているのです。

米国のラーム・エマニュエル駐日大使が２０２２年8月30日付日本経済新聞に米国の戦略的対応方針についての論考を寄稿しました。米国の政策戦略の一端を示すものと言えるでしょう。

エマニュエル氏は「過去5年間の前例のない混乱は、グローバルな統合をめぐる国際的な合意形成を根底から覆す」と指摘します。同氏は、異なる指針に沿った新しい段階のグローバリゼーションの新しい枠組みにおける3原則が明らかになりつつあるとします。その3原則とは、①政治的安定と経済の持続可能性がより重視されるようになること、②単なる資源ではない戦略的資産としてのエネルギーの重要性、③デジタルルールの整備が新たな世界のパラダイムにおける次の先端分野となること、です。

ウクライナにおける戦乱の発生は、エネルギー戦略において、コストと効率よりも政治的安定性ならびに経済の持続可能性の重要性を際立たせるものになりました。米国はロシアに代替してエネルギーを欧州諸国に供給することにより、巨大な利益を獲得しましたが、日本は米国に追従するだけでロシアとの経済協力の成果を水泡に帰すなどの結果に直面するだけで、日本独自のエネルギーの安定確保ならびに経済的持続可能体制の確立に失敗し続けています。

世界的な脱炭素ムーブメントにただ巻き込まれるだけで、日本の岸田内閣は原発稼働に著しく依存するエネルギー政策に傾倒し始めていますが、日本ではいまなお福島原発事故に端を発する「原子力緊急事態宣言」が発令されたままであることを忘れることができません。世界最大の地震大国において、耐震性能が不足する原発稼働を推進することは国家における自死行為であるという他ないのです。

米中の覇権争いが激化するなかで、デジタル産業分野における米中対立が激化することは、世界経済の発展を阻害する側面も有します。日本が日本国民の利益を基軸に、日本独自の国家戦略、エネルギー戦略、産業戦略を保持できなければ、失われた30年は失われた40年に転じ、経済的にも衰退国家に転落せざるを得ないと危惧されるのです。日本国民の生存を確保するための国家戦略、国家戦術の欠如が現代ほど危惧されるときはないと言えるのです。

# 第3章

# 衰退日本経済の活路

## 資本主義対民主主義

岸田文雄首相は「新しい資本主義」を掲げています。

この政策を実現するために、「新しい資本主義実現会議」が組織され、2022年11月までに12回の会議が開催されました。会議は開催されたものの、具体的な進展が見られません。新しい資本主義と表現するのに、まったく新しさがないのです。

これが資本主義の〝修正〟であれば、理解は可能でしょう。現代日本の経済、ひいては世界の経済問題は、資本主義の本質に起因して発生しています。資本主義の活動の延長上に生まれる現象は、際限のない格差拡大、弱肉強食社会の出現です。

日本経済の最大の問題が経済の弱肉強食化にあることは論を俟ちません。岸田首相は2021年の自民党党首選において、「経済政策の最重要課題は分配にある」と分配問題の重要性を主張しました。

確かに経済政策の課題は分配にあります。格差拡大、弱肉強食は分配の問題だからです。経済活動の結果、生まれる果実を誰にどのように分配するのか。自由主義、経済政策運営の結果として、富める者がますます富み、貧しき者がますます困窮するという事態が加速しているのです。生存することさえ許されず、餓死する事態さえ発生しています。

かつて日本は1億総中流と表現されたこともありました。しかし、層の厚かった中間層が消滅し、圧倒的多数の低所得階層と、ほんの一握りの富裕層とに2極分化しているのが現状です。

この格差拡大、弱肉強食化が日本経済衰退の最大の原因になっている現実を踏まえれば、岸田首相が分配問題の重要性を掲げたのは正しかったと言えます。しかし、岸田首相はこの考えをいとも容易に〝撤回〟してしまいました。当初は、「分配が重要」と述べていたのに党内から反発が生じると、「成長も分配も」に後退し、挙句の果てに「まずは成長」に転じてしまったのです。

2021年の自民党党首選において、岸田首相は金融所得課税見直しを打ち出しました。日本の所得税制は「能力に応じた負担」を大原則に置いているので、所得が増えるに従い、税負担率が上昇する累進税率が設定されていることになっています。ところが、現実には年間収入が1億円を超えると、税負担率が低下の一途をたどるという現実が存在します。

利子配当および株式譲渡益の課税において、分離課税が認められているためです。高額所得者の収入の大半を利子配当および株式譲渡益が占めており、利子配当および株式譲渡益所得の分離課税の税率が20パーセントであるため、税負担率は限りなくその税率に向けて低下するのです。

この制度は「能力に応じた負担」を大原則とする所得税制度を根底から〝歪める〟ものに他なりません。いわゆる「金持ち優遇税制」と呼ばれるものです。岸田首相は自民党党首選で、この金融所得課税の見直しを掲げました。ところがこの提案が示されるなかで日本の株価下落が進行したこともあり、岸田首相はいとも簡単にこの提案を撤回したのです。

ただし分配問題是正の核心は、金融所得課税見直しということではありません。金融所得課税見直しは分配政策是正の第一歩に過ぎない。しかし、その第一歩の施策ですら、いとも簡単に撤回し、行き着いたのは成長重視路線という幻想への〝回帰〟でした。

経済活動が生み出す果実、パイが拡大することによって人々の生活は豊かになる。経済政策は、人々の幸福を実現するために運営されるべきもので、人々が豊かになることを追求することは、成長を実現することに他なりません。ただし近年、この考え方に対する大きな疑問が示されているのです。成長を追求することにより、失われるものが小さくないことが判明しているからです。

地球環境が劣化すれば、その弊害は人類におよぶ。人類の生存が不可能になるような気候変動が生じているとの指摘もあります。筆者は地球温暖化仮説に懐疑的ですが、人類の経済活動が地球にさまざまな負荷をかけていることは紛れもない事実です。地球の価値が奪われる現象は、確かに存在するのです。経済成長がもたらす価値の喪失が深刻であるならば、経済成長を追求すべきではないとの主張の説得力が増します。

２０１２年12月に発足した第２次安倍内閣は経済成長実現を目標に掲げ、公約化しました。経済成長を実現し、その成長の果実がすべての国民に行き渡ることを目指すとしたのです。安倍内閣は金融緩和、財政支出、構造改革の３つの政策を提示し、成長戦略と称しました。しかし後述するように、日本経済の成長率はまったく高まらなかったのです。

安倍元首相は経済成長が実現すれば、成長の果実がすべての人々にしたたり落ちるという「トリクルダウン」という説を唱えました。ところが現実に生じたのは、労働者１人当たり実質賃金の大幅減少という惨憺《さんたん》たる現実でした。一般労働者は消費税大増税にも直面し、結局のところ**「取り尽くされてダウン」**に終わってしまったのです。

日本経済は成長を実現しないものの、大企業の利益だけは激増しました。２０１２年から２０１７年にかけての5年間に法人企業当期純利益は２・３倍の水準に激増したのです。

このことは労働者が受け取る所得である労働分配の減少を意味します。安倍元首相は雇用者数が増えたことをアベノミクス成功の証と自賛しましたが、実際に増えたのは「労働者の数」だけであったのです。この結果、労働者１人当たりの実質賃金は大幅減少という〝悪夢〟が実現したのです。

安倍内閣は成長を追求したものの、成長は実現せず、格差の拡大だけは継続的に広がりました。この延長線上に現代の日本経済の不況があるわけです。格差拡大、弱肉強食化が日本経済衰退の最大原因になっているのです。これを是正するには分配問題に本格的に取り組むほかないのに、岸田首相はその第一歩となる金融所得課税の見直しを撤回してしまいました。撤回した上で出てきた施策は再び「成長戦略」でした。10年1日、失敗から教訓を得る側面が〝皆無〟なのです。

筆者は前著『日本経済の黒い霧』（ビジネス社）において、強欲資本主義対共生民主主義の戦いが始動したと述べました。

資本主義と民主主義は混同されがちですが、両者はまったく違うものです。正確に表現すれば、両者は〝対立〟する考え方なのです。経済活動を自由に委ねれば、格差拡大が進行する。経済は必ず弱肉強食化に向かう。これが資本主義の運動法則なのです。

これを是正するための方策が民主主義といえます。民主主義において力を持つのは、多数の人々の意思です。民主主義は討論と説得を通じ、最終的には多数決で決定を行う方式です。多数の国民の意思で方針を定めることにより、格差拡大、弱肉強食化を抑止することができます。資本主義は放置すれば、1パーセントの利益極大化のためのシステムと化します。他方、民主主義はその威力が発揮されるならば、99パーセントの利益を極大化させる方向に進みます。つまり1パーセント対99パーセントの戦い、これが資本主義と民主主義の戦いなのです。

現代社会は、1パーセント勢力が実権をもとに民主主義制度を〝偽装〟して、自分たちの意思に沿う経済運営を推進しているだけです。自らの利益を極大化するための方策を、民主主義という制度的枠組みのなかでいかに実現するのか、日夜、こうした策略をめぐらせているのです。民主主義の機能不全が目指され、それが成功してしまっているのが現代国家の悲劇なのです。


岸田首相は「成長から分配」を瞬時に撤回し、元の安倍・菅路線の成長重視、自由主義と市場経済化路線に回帰しました。

「新しい資本主義実現会議」第11回会合から米国ハーバード大学のレベッカ・ヘンダーソン教授が有識者構成員としてリモート参加しています。資本主義の見直しを掲げている同教授は、『資本主義の再構築─公正で持続可能な世界をどう実現するか』(日本経済新聞出版)を刊行。企業が社会と一体になり、利益追求だけでなく、社会の繁栄や成功に貢献することによって、企業が利益を上げながら公共問題を解決することを主張しています。

企業が社会的責任を果たすことの重要性を訴える、この考え方そのものに問題があるわけではないのですが、議論としては〝陳腐〟なものでしょう。企業は綺麗事を並べていても、究極的には利益極大化を目指す存在に他なりません。

スウェーデンの思想家であるヘレナ・ノーバーグ＝ホッジ氏は「幸せの経済学」の主張を展開するなかで、現代経済の基本構造を鮮明に指摘しています。

「多国籍企業は、すべての障害物を取り除いて、ビジネスを巨大化させていくために、それぞれの国の政府に向かって、ああしろ、こうしろと命令する。選挙の投票によって私たちが物事を決めているかのように見えるけれども、実際にはその選ばれた代表たちが大きなお金と利権によって動かされ、コントロールされている。しかも、多国籍企業という大帝国は、新聞やテレビなどのメディアと、科学や学問といった知の大元を握って、私たちを洗脳している」

表面上は民主主義の制度が採用されても、巨大な資本が情報空間を〝支配〟し、そのことを通じて選挙や政府を実質的にコントロールしてしまっているのです。その結果として、99パーセントの人々の利益を実現する政治、行政運営ではなく、1パーセントの巨大資本の利益を追求する政治と行政運営が〝実現〟してしまっているのです。

何度も申し上げるように日本経済凋落の主因は格差拡大、弱肉強食推進の経済運営構造にあります。この根本を是正しなければ、日本経済の復活、国民生活の向上は実現しません。

岸田内閣は結局、元の新自由主義経済政策路線を推進する方向に転じてしまっています。この延長線上に日本経済の復活は依然として展望し得ません。

## 岸田内閣の凋落

岸田内閣が発足して1年が経過しました。岸田文雄首相は2021年9月の自民党党首選、10月の衆議院議員総選挙、2022年7月の参議院議員通常選挙の3つの重要選挙に3連勝を果たしています。岸田内閣は政権発足直後から高い内閣支持率を享受し続けていました。このなかで重要3選挙を3連勝し、順風満帆、我が世の春の状況を獲得しました。

衆議院解散がなければ、大規模な国政選挙は2025年夏まで行われません。国政選挙に空白の3年間が生じたのです。国政選挙が空白となる中で、政権は自らが目指す施策を大胆に実現することができます。「黄金の3年」「岸田の3年」が到来したと喧伝されました。

しかし、その順風満帆は岸田首相の実力によって生じたものではありません。すべての幸運がめぐり合わせた〝結果〟に過ぎなかったのです。前任の菅義偉首相は、コロナ第5波の感染ピークで辞任表明に追い込まれました。菅首相が辞意を表明したときには、すでに新規陽性者数が減少に転じ始めていました。このため、岸田内閣発足がコロナ新規陽性者数が激減する局面に重なったのです。その後、コロナは感染第6波、第7波を迎えたものの、ウイルスの変異が進み、毒性が大幅に低下していきました。第7波においては政策対応の拙劣さによって、再び大きな混乱に見舞われることになったとはいえ、コロナを直接の原因とする死者数が激増したわけではありません。コロナ問題のピークアウトと内閣の発足が重なったことが、岸田首相にとっての最大の幸運になりました。

2022年2月24日に、ウクライナにおけるロシアの軍事行動が始動しました。米国の指令に従った岸田首相はロシアを批判し、ウクライナを支援する行動を示しました。米国が支配するマスメディアが彼の主張を絶賛したことも、岸田内閣支持率を支える要因になりました。

岸田内閣を支えたもう1つの要因があります。野党の自滅です。安倍晋三内閣、菅義偉内閣の政治私物化問題が常軌を逸するレベルで持続したにもかかわらず、野党が有効な政権攻撃を展開できない状況が続きました。2021年の総選挙で政権交代が生じてもおかしくない状況でしたが、野党はこのチャンスを活用できなかったのです。

衆議院が任期満了を迎え、2021年10月に総選挙が実施されることになりました。もし野党が1つにまとまり、国民の支持を得る運動のうねりを創り出すことに成功していたなら、政権交代が生じてもおかしくない状況でした。ところが野党第1党立憲民主党は大惨敗を喫したのです。

大惨敗の原因は明白でした。立憲民主党の枝野幸男代表（当時）が野党共闘を〝否定〟する発言を展開したからでした。同選挙期間中に彼は次のように発言しました。

「野党共闘というのは、皆さんがいつもおっしゃっていますが、私のほうからは使っていません。あくまでも国民民主党さんと2党間で、連合さんを含めて政策協定を結び、一体となって選挙を戦います」

枝野代表は日本共産党、れいわ新選組、社会民主党との野党共闘を否定したのです。野党共闘の対象は国民民主党と連合であって、それ以外は共闘の対象ではないと明言しました。現在の選挙制度の下で政権交代を実現するためには、自公に対峙する勢力が1つにまとまることが必要不可欠だったにもかかわらず。

しかも、この野党共闘実現、野党勢力一本化を猛烈に〝妨害〟し続けている勢力が存在するのです。それが**「連合」**です。連合はかつての総評と同盟の2つの労働組合勢力が基軸となって創設された日本最大の労働組合連合組織＝ナショナルセンターで、現在はその実権を旧同盟系組合が握っています。

この問題こそ、2022年に最大の話題として浮上した「旧統一協会問題」の核心に関わる事項です。同盟は1960年に創設された民社党の支持母体として1964年に創設された組織です。その背後にCIAの対日政治工作戦略があったのです。かつての同盟の延長線上にあるのが連合内部の「6産別」と呼ばれる、大企業御用組合連合と呼ぶべき勢力で、この「6産別」が現在の連合を支配しているのです。この連合が共産党を含む野党共闘を激しく攻撃し、この要請に枝野代表が屈服し、野党共闘を否定したのでした。

この結果、野党共闘により政権交代を目指す主権者は、一斉に立憲民主党支持から離反しました。この結果として立憲民主党が大敗したのです。同党は選挙大敗を受けて、代表を交代させました。後任に就任したのが泉健太代表で、彼は前任者以上に共産党との野党共闘に否定的な主張を示す人物でした。野党共闘を否定する言動が強化された結果として、2022年7月の参議院選挙で、立憲民主党はさらに決定的な大敗北を喫しました。この野党の〝自滅〟こそ、岸田内閣を支える最大の要因になったわけです。

安倍晋三、菅義偉という前任の首相が極めて傲岸不遜《ごうがんふそん》な振る舞いを演じ、国民支持を失っていました。岸田首相は人の話に耳を傾ける姿勢を示し、説明ぶりも安倍、菅両氏に比べれば、丁寧な印象を与えます。前任者のイメージが著しく悪かったことも、岸田内閣支持率を上昇させる重要な要因になったと言えるでしょう。

しかしながら、岸田首相は人の話に耳を傾けているのではなく、人の話を〝聞き流して〟いるだけではないかとの見方が強まりました。何を提言されても「検討する」と繰り返すだけで、**「けんとうし**（遣唐使）」と揶揄《やゆ》される事態が生じたのです。「何も決めない、**何もしないかく**（内閣）」と呼ばれた所以です。

2022年7月10日の参議院選挙で、自民党は多数議席を維持し、岸田首相は2つの国政選挙を無事に切り抜けました。しかし、参院選投票日の2日前に衝撃的な事件が勃発したのです。安倍晋三元首相が銃弾に倒れる事態が発生したのです。この事件発生自体は、選挙における自民党同情票を拡大させて自民党勝利の一因になったと見られています。この参議院選挙で自民党は勝利を納め、岸田首相が「黄金の3年」「岸田の3年」を手にしたと見られたのでした。

安倍元首相を銃撃したとして逮捕されたのは山上徹也容疑者でした。参議院選挙投票日まで、その背景は一切報道されませんでした。選挙後に事件の背景が報道され始め、容疑者の母が旧統一協会に入信し、過大な献金を行っていた事実が明らかにされたのです。

容疑者は裕福な家庭に生まれたものの、父が自死する不幸に見舞われたことを契機に母親が旧統一協会に入信。高額な献金により家計が破綻する事態に直面しています。その家庭崩壊のなかで兄も自死するという事態に見舞われ、本人は成績優秀であったにもかかわらず、大学進学を断念する事態に追い込まれていたといいます。

容疑者は旧統一協会に対する恨みを募らせていて、その旧統一協会の最大の広告塔が安倍晋三元首相であると認知し、犯行に及んだとの見立てが報じられました。

しかし安倍元首相狙撃事件の真相には不可解な点も多く、山上容疑者が本当に実行犯であったのかどうかについて疑念を指摘する声も存在します。真相は必ずしも明確でありませんが、容疑者が旧統一協会問題によって、巨大な苦難に直面してきたことは事実であると見られます。そして、その旧統一協会と安倍晋三元首相とが極めて深い結び付きを有していたことも明らかになりました。

問題はここに留まりません。安倍元首相の祖父である岸信介氏の時代から同一族は旧統一協会と強い関係を有し、その関係が自民党全体に深く根を下ろしてきた事実が明るみに出たのです。旧統一協会系の布教活動は1970年代に日本全国の大学を舞台に展開され、その活動に社会的問題があることが指摘されました。さらに「霊感商法」と呼ばれる手法によって壺や印鑑などが高額で販売され、大きな社会的問題を引き起こしてきたことも再び注目を集めることになりました。

この旧統一協会問題と深く関わる事件が勃発したのですが、そのなかで何も決めない、何もしないはずの岸田首相が7月14日に国葬を実施することを〝独断専横〟で決定したのです。

好事魔多し。岸田首相の順風満帆は一変しました。この国葬実施決定を契機に、岸田内閣の凋落が始動しました。「岸田の3年」が**「岸田の残念」**になるかもしれません。筆者は7月15日付ブログ「植草一秀の知られざる真実」記事において、法的根拠なき国葬は認められないことを指摘するとともに、この決定を契機に岸田内閣の凋落が始動する可能性が高いと記述しました。現実に岸田内閣の支持率は国葬決定を契機に急落に転じました。

筆者は、今回の国葬が間違いである理由を5つ提示しました。
①法的根拠がない、②思想および良心の自由を侵害する、③財政民主主義に反する、④法の下の平等に反する、⑤自民党が関係を断つと宣言している旧統一協会と安倍元首相との関係が深いとみられている。以上の5点です。
国葬に法的根拠はありません。岸田首相は、内閣府設置法に内閣府の所掌事務として国の儀式に関わる事務が記載されていることから同法を根拠に閣議決定で国葬を実施できると主張しましたが、説得力はありません。内閣府設置法は手続き法であって、国葬実施の根拠を与えるものではないからです。

これ以外にも思想および良心の自由を侵害する、憲法第85条と89条が定める財政民主主義の規定に対する違反、同じく憲法第14条が定める法の下の平等への違反などの憲法違反という重大な問題が存在するのです。

他方、統一協会との関わりも重大問題となります。事件によって日本政治とカルトの深い癒着が明るみに引き出され、核心部分に安倍元首相が位置したことが判明したのです。渦中の当事者の国葬を、世界が〝奇異〟の目で見つめたことは想像に難くありません。

G7現職首脳で唯一出席予定だったカナダのトルドー首相も、直前に国葬出席をキャンセルしました。カルトによる被害者がカルトと関係した元首相を射殺したとみられる事件。その人物の国葬を実施すること、国葬に参加することは、諸外国でも正当でないとの評価が広がったとみられるのです。安倍元首相と昵懇の関係にあったとされるトランプ前大統領も出席を拒絶しました。

旧統一協会問題では、自民党と旧統一教会の根深い癒着関係が次々に明るみに出ました。8月10日に内閣改造を断行し岸田首相は旧統一協会問題の点検を閣僚に指示し、問題のない閣僚のみを留任させたのです。留任した山際大志郎経財相は岸田首相に対して、旧統一協会との関わりを報告しませんでした。閣僚として残留が確定した後に、次から次に旧統一協会との関わりが明るみに出されました。記者会見ならびに国会での追及に際して、山際経財相は「記憶にない」を連発し、知らぬ存ぜぬで閣僚の地位にしがみつく姿勢を示したものの、ついに辞任に追い込まれました。内閣改造時点における岸田首相の判断、ならびに問題発覚後の対応の遅さに対する批判が強まっていきました。

結局、こうしたなかで、旧統一協会の活動に関連した多くの社会的問題が改めて喧伝されることになったのです。旧統一協会の被害問題に関する弁護士連絡会は数十年にわたり、この問題解決を訴えてきたのに、旧統一協会と癒着する自公政治が問題を隠蔽し、さらに広告塔を務める活動を継続してきたのでした。

このなかで宗教法人法が定める宗教団体に対する解散命令の〝是非〟が、国会で論議されることになりました。岸田首相は答弁で「民事上の不法行為は解散命令請求の要件にならない」との見解を主張したものの、野党の厳しい追及に直面し、一夜にして答弁修正に追い込まれました。民事上の不法行為も、宗教法人に対する解散命令請求の根拠になり得ることを明示したのです。ここまで事態が進行した以上、岸田内閣が旧統一協会＝現世界平和統一家庭連合に対する解散命令を裁判所に請求せざるを得ない状況に移行しています。

同時に、日本経済に重大問題が次々に発生しました。日本円は暴落し、実質実効レートベースで52年前の水準を下回る円安に移行したのです。日本の消費者物価上昇率は31年ぶりに3パーセント台に乗りました。この円暴落、インフレ進行に対して岸田内閣は有効な政策を打ち出せないでいます。

コロナウイルスの毒性は時間の経過とともに低下しましたが、感染者数は激増しました。このなかで岸田内閣が新型コロナの感染症法上の位置づけを第2類相に維持し続けたために、医療提供能力が不足するなどの大混乱が生じました。2022年11月になって、ようやく第5類への指定区分変更が議論され始めましたが、遅きに失したとの批判を免れません。

2023年の年初の冬期到来に際して、コロナ感染症の再拡大がインフルエンザ感染拡大と重なることも警戒されています。コロナ感染症の指定区分を柔軟に変更しなければ、医療崩壊等の大混乱が再発する可能性が高く、指定区分変更は必須です。

2022年9月17、18日に実施された毎日新聞世論調査で岸田内閣支持率が29パーセントに下落、内閣発足後、初めて3割を割り込みました。大手メディアの世論調査で、内閣支持率が3割を割り込んだ内閣は10か月以内に消滅する現実が存在しています。

2006年発足の第1次安倍内閣以来の8代の内閣において、例外は1つもありません。2020年に安倍内閣支持率が3割を割り込んだ際は、3か月で首相辞任表明に追い込まれています。2021年に菅菅義偉内閣支持率が3割を割り込んだ際は、2か月で首相辞任表明に追い込まれました。

内閣支持率3割割れから首相辞任表明までの時間が短縮化される傾向が観測されています。この意味で岸田内閣の終焉が〝秒読み態勢〟に移行したと言えるでしょう。

政権が窮地に追い込まれた場合、総辞職を選ばずに衆議院解散に打って出ることも可能性としては指摘できます。しかしながら旧統一協会問題で劣勢に立たされ、解決のための抜本的施策を打ち出さない状況下で解散総選挙に踏み込めば、自公が大幅議席減に追い込まれることは想像に難くありません。政権交代が生じる可能性さえ指摘できる情勢下では、自民党内が解散総選挙断行でまとまる保証がありません。

国会において野党は安倍元首相と旧統一協会の関係について、政府自民党が責任を持って調査すべきであるとの主張を展開してきました。このことについて岸田首相は安倍元首相が亡くなられたいま、調査には限界があるとして調査を拒絶しています。「調査には限界がある」のが事実であるとしても、「限界まで責任を持って調査する」というのが当然の対応です。ところが岸田首相は限界があることを盾に〝調査そのもの〟を拒絶しています。

さらに2021年衆議院議員総選挙に際して、多数の自民党議員が旧統一協会による推薦確認書に署名していた事実も浮上しました。このことについても国会で、自民党が責任をもって推薦確認書受領ならびに推薦確認書への署名有無について調査をすべきであると野党が追及したものの、岸田首相は党が実施した議員に対するアンケート調査以上に調査をする考えがないことを示しています。

しかしながら国民は、自民党と旧統一協会との深い癒着関係の真相を明らかにすることを求めています。10月22、23日に実施された毎日新聞による全国世論調査においては、内閣支持率が27パーセントに、9月調査の29パーセントからさらに低下しました。一方、内閣不支持率は65パーセントに跳ね上がりました。

この世論調査では、9月27日に実施された国葬についての見解も問われました。「国葬を実施するべきではなかった」が60パーセントで、「実施してよかった」の18パーセントを大きく上回りました。また、「世界平和統一家庭連合（旧統一協会）」への解散命令請求については、「請求すべきだ」の回答が82パーセントで、「請求する必要はない」の9パーセントを大きく上回りました。

この問題に対して、岸田首相がどこまで腹を括《くく》って抜本的な対応を示すことができるのか。明確な決着をつけなければ、岸田内閣の再浮上は見込めない情勢にあります。最悪の場合、内閣総辞職による新たな政権の樹立、または衆議院解散総選挙という政局波乱が発生することになります。金融市場の動向を考察する上で、日本政治、日本政局問題から目を離すことはできません。

## 衰退する日本経済

日本経済の衰退ぶりは目を覆うばかりのものです。

1995年から2020年にかけての主要国の名目GDPの歩みについて確認しました（39ページ図表参照）。

この25年間に米国名目GDPは2・73倍に拡大しました。カナダも米国と同水準でした。隣国の中国は20・34倍に膨張を遂げました。一方、日本経済は1995年のGDPを100としたとき、２０２０年に91に縮小しています。25年間成長は皆無であったのです。世界経済のなかで最も成長できない国と言っても過言ではありません。そんな凋落が進んでいるのが日本経済なのです。

ＯＥＣＤが発表する購買力平価ベースの平均賃金推移を見ると、日本の労働者の平均賃金がまったく増えていないことがわかります。主要国の労働者平均賃金は右肩上がりの推移をたどっているのに、日本だけがまったくの横ばいなのです。このなかで日本の平均賃金は隣国の韓国に追い抜かれています。ＯＥＣＤの発表数値は購買力平価換算ですから、現在の為替レートで換算すれば、さらに日本の平均賃金は低水準になります。

１人当たりＧＤＰのランキングで、２０００年の日本は世界第2位の地位にまで上昇していました。それが20年後の２０２１年には世界第28位に転落し、Ｇ５中で最下位に甘んじています。

日本経済の実質経済成長率の推移を見ると、１９６０年代が10・５パーセント、70年代が５・２パーセント、80年代が４・９パーセントでした。高度経済成長の60年代に平均10パーセントの高成長を遂げた日本は70年代に2度のオイルショックに見舞われ、成長率は停滞しました。それでも年5パーセントの成長を実現していたのです。

転機となったのは１９９０年でした。バブルが崩壊し、日本経済は泥沼にはまり込んだのです。90年代以降、日本経済の成長率はゼロに近い水準で推移し続けてきました。

２０１２年12月に首相に返り咲いた安倍晋三氏はアベノミクスなる政策を掲げ、金融緩和、財政出動、成長戦略により日本経済の高成長を実現させると意気込んだのです。それにもかかわらず２０１３年第Ⅰ四半期から２０２２年第３四半期までの日本経済の成長率は平均値で０・８パーセントに留まりました。

民主党政権時代の２０１０年第Ⅰ四半期から２０１２年第４四半期の３年間の実質ＧＤＰ成長率平均値は１・６パーセント。民主党政権時代も日本経済は停滞しています。暗がりの日本経済であったことは間違いないのですが、この民主党政権時代の成長率を大きく下回ったのが２０１２年12月以降の実態です。暗がり経済が暗闇経済に転じてしまったのです。バブル崩壊の後遺症を引きずり、失われた10年が失われた20年となり、失われた30年になってしまいました。

経済政策の2大テーマは成長と分配であると指摘しましたが、経済のパイを拡大させるという「成長」がまったく実現していません。このために国民生活が疲弊し切っています。

アベノミクスの3本の矢である金融緩和、財政出動、成長戦略の3政策のうち、金融政策と財政政策は標準的なマクロ経済政策にあたります。まったく目新しさはありません。アベノミクスを特徴づけたのは3本目の矢である成長戦略でした。

問題は、この成長戦略が「誰の何の成長なのか？」ということでした。実はアベノミクスが目指したのは、大資本利益の成長でした。経済活動が生み出す果実は、資本と労働によって分割されるものです。資本の利益の成長とは、資本の取り分の増加を意味するもので、このことは取りも直さず一般庶民、一般労働者の〝不利益〟の成長ということだったのです。

アベノミクスが掲げた成長戦略の具体的な内容は次の5つでした。①農業の自由化、②医療の自由化，③労働規制の撤廃、④法人税減税、⑤特区・民営化の創出。

農業の自由化はＴＰＰ戦略に代表されました。自由貿易の大義名分を掲げて、日本の農業、漁業、林業などの一次産業におけるビジネスチャンスを外国資本に〝提供〟しようとしたのです。

日本のカロリーベースでの食料自給率は38パーセントにまで低下しています。いったん食料危機が発生すると、日本国民は生存のための食料を確保できなくなります。各国は食料確保こそ経済的安全保障政策の核心であると位置づけて、食料生産に大規模な補助金を投下し、確固たる食料自給戦略を構築しています。

ところが日本政府は食料自給を放棄し、外国依存、外国資本依存を強化しているのです。気候変動が拡大し、現在では農業生産の急激な低下が予測され始めています。そのなかで日本政府だけが1次産業を保護せずに市場開放策を推進したので、日本の1次産業が壊滅的な打撃を受けているのです。

さらに種子法廃止や種苗法改定により、農業従事者が生産のための種子を安価に安定的に確保する基盤が〝人為的〟に破壊されています。その一方で、日本政府は食の安全に関する規制を大幅に緩和しています。遺伝子組み替え「GM」作物の輸入が拡大し、グリホサート（米モンサント社開発の除草剤）残留の農産物の国内流入が拡大しているのです。

中国、ロシア、欧州が禁止している成長ホルモンやラクトパミン混入の畜産物、酪農製品が米国やオーストラリア、ニュージーランドなどから流入しています。防カビ剤イマザリルの弊害も強く指摘されています。

医療分野の自由化も、外国資本の要請に基づく面が色濃くあります。外国資本は日本の医療ビジネスへの参入を画策するとともに、民間医療保険商品の販売拡大を目論んでいるのです。

加えて日本政府は、公的医療保険制度による国民医療体制の崩壊を推進していると思われます。公的保険外の医療行為が拡大されることは、医療の分野における〝格差導入〟に他なりません。公的保険でカバーされない医療行為の金額は、法外な水準に達します。十分な医療を受けるためには、高額な民間医療保険に加入することが必要になるのです。

現行では高額療養費制度によって高額な負担が発生した場合でも、自己負担の上限金額が定められているので、すべての国民が必要十分な医療を受ける最低条件は確保されています。

しかし財務省は高額療養費制度の見直しに着手しています。今後は、富裕層は民間医療保険への加入によって十分な医療を受けられるのに、富裕層でない国民は疾病に陥っても十分な医療を受けられない状況に移行する可能性が高いのです。

成長戦略の第3の柱は労働規制の撤廃です。「働き方改革」の名の下に実行されたのは、「働かせ方改悪」でした。長時間残業が合法化され、同一労働同一賃金と言いながら、正規非正規の格差を〝温存〟する仕掛けが組み込まれました。

正規から非正規への移行は、まったく歯止めがかけられていません。高度プロフェッショナル制度が創設され、定額の賃金で残業をさせ放題にする制度が拡大されているのです。

すべては資本の利益が極大化するように、企業の労働コストを低下させることを支援する施策なのです。税制においては法人税減税が推進され続けてきました。

2007年の政府税制調査会がまとめた報告書において、日本の法人の税および社会保険料負担は欧米に比べて高いとは言えないとの検証結果が示されました。すなわち日本における法人税減税の必要はないとの結論が明記されたのでした。

ところが2012年以降、法人税の減税が一気に推進されました。2012年、野田佳彦内閣が2009年の衆議院総選挙公約を一方的に破棄して、消費税率を10パーセントに引き上げる大増税法制定を〝強行〟しました。この消費税大増税と抱き合わせで推進されたのが法人税の大減税でした。

日本の上場企業の株式の3分の1を外国資本が保有しています。外国資本は日本において法人税を支払いたくないのです。**〝ハゲタカ資本〟**の手先として活動する日本の為政者に法人税減税を低減させ、これを実行してきたわけです。

法人税減税によって消滅する税収を穴埋めするために、消費税が大増税されました。結果として最も深刻な打撃を受けるのは、所得の少ない階層です。経済運営において格差拡大、弱肉強食が進行し、さらに追い打ちをかける〝弱者破壊〟の税制改悪が断行されてきたのです。

また民営化および特区創設は、この謀議に関わる人物の私的利益の拡大に過ぎなかったと思われます。経済特区が創設され、企業による農地の所有が認められました。外国人による家事代行サービスが推進されたり、長期間認可されなかった獣医学部が新たに創設されたりしました。こうした特定の政策が特定の企業、特定の法人への利益供与として実施されてきた現実が横たわっているのです。民営化や特区という名の下で、新たな利権行政が、おおっぴらに展開されてきたと言っても過言ではありません。

企業による農地の取得、農業への参入で恩恵を受けた企業にオリックスやローソンなどが例示され、外国人による家事代行サービスの斡旋事業などにおいてはパソナという企業が利益を享受する構図が生まれました。これらの企業の関係者が政府の特区や民営化を決定する会議にメンバーとして加わっていることは、明白な〝利益相反〟問題です。つまり現代版の行政不正、利権不正がまかり通ってきたわけでした。

ＴＰＰ協議に際しても明白な〝利益相反〟問題が生じています。日本政府が米国と交換文書を交わしたなかで、驚くべき確約を米国に与えているのです。

この交換文書に記載された文言は次の通りです。

「日本国政府は２０２０年までに外国からの対内直接投資残高を少なくとも倍増させることを目指す日本国政府の成長戦略に沿って、外国からの直接投資を促進し、ならびに、日本国の規制の枠組みの実効性および透明性を高めることを目的として、外国投資家、その他利害関係者から意見および提言を求める。意見および提言はその実現可能性に関する関係省庁からの回答とともに検討し、および可能な場合には行動を取るため、定期的に規制改革会議に付託する。日本国政府は規制改革会議の提言に従って必要な措置を取る」

つまり日本国政府は外国投資家およびその他利害関係者から提言を求め、それを規制改革会議に付託し、その規制改革会議の提言に従って、日本国政府が必要な措置を取ると〝確約〟してしまっているのです。このルートを通じて、外国資本に利益を供与するさまざまな制度変更が、正当な手続きを経ずに決定され続けているのです。極めて重大な**「国益喪失外交政策」**が実行されているのです。

## 分配と成長の現実

前述した通り、経済政策の2大テーマは成長と分配です。第2次安倍内閣は、成長戦略を前面に掲げ、成長を実現すると公約しました。しかし実際に経済成長が実現しなかっただけでなく、激しい格差拡大のみを実現しました。労働者の分配所得は減少し、労働者1人当たりの実質賃金は激減したのです。

経済成長をもたらす要因は、技術革新と人口成長の2つです。

生産量は1人当たりの生産量と働く人数の積で決定されます。経済成長が実現するには、1人当たりの生産量、すなわち生産性が上昇する、ないしは働く人数が増えることが必要なのです。生産性の上昇をもたらすのが技術革新です。技術革新が進展し、人口が増えれば、経済生産量は増加する、これが経済成長なのです。

ところが、現在の日本では成長をもたらす2つの要因において、いずれもが成長抑制に働く変化が示されています。技術革新が完全に止まってしまっています。かつて日本が高度成長を遂げた時代、生産性上昇は著しく、モノ作りにおいて強みを発揮しました。工業化社会において日本の技術は、国際社会における比較優位を保ったのです。

しかし、その工業の主役が新興国に移行し、中国、韓国、台湾、そしてアセアン諸国が主導権を握るようになりました。かつて産業の花とも言われた半導体産業において、日本の地位はもはや見る影もなく、中国、台湾、韓国が先端を突き進んでいるのです。

コロナショックの後、世界の株価が大暴騰を演じました。それを牽引したのがメガＩＴ企業でした。アマゾン、アップル、マイクロソフト、グーグル、フェイスブック（現メタ）といった企業の企業価値が激増したのです。メガＩＴ産業においても、日本は完全に取り残されています。新たな最先端産業を切り開く人材が〝枯渇〟しているのです。

他方、日本の格差社会進行が人口減少に拍車をかける最大の要因になっています。国税庁が発表する民間給与実態調査によれば、１年を通じて勤務する給与所得者のうち、55パーセントが年収４００万円以下、21パーセントが年収２００万円以下です。

日本の最低賃金は時給約９６０円（令和４年、全国加重平均額）、年間２０００時間労働しても、年収は１９２万円にしかなりません。しかも、この所得の少ない人が収入金額の全額を消費に回すと、その１割を消費税でもぎ取られる始末です。消費税の負担が著しく過酷であることは明白です。

このような環境下において、若者は結婚、出産の〝人生設計〟を描くことができません。生き方の多様化から結婚、出産に関する考え方は多様になっています。しかしながら本来は結婚出産を望みながら、収入環境の劣悪さから断念せざるを得ないという人が多数存在するのも事実なのです。

日本が活力ある経済状況を維持するためには、2つの問題の克服が必要不可欠です。第1は技術革新能力を回復すること、第2は人口減少に歯止めをかけることです。

技術革新能力を高めるために必要な最重要の施策は、教育制度の見直しにあります。日本の学校は、一種の〝強制収容所〟と化してしまっています。がんじがらめの校則で縛り、上位の者の命令に従うこと、与えられた課題を覚えることだけが求められる。上位の者の命令に従順に従い、与えられたものを正確に暗記する生徒・学生が優等生であり、上位の者に対しても言うべきことを言い、自分の頭で考えて発信する者は問題児とされる。日本の学校においては、いまなお軍事教練の名残りがそのまま残存しているのです。

この環境下で個性と独創性と、そして多様性のある人材は生まれ難いと断言できます。教育制度の歪みが、日本経済の活力を著しく低下させていると思われます。

出生率の低下に対処するために必要な施策は、所得環境の抜本変革でしょう。最低賃金を〝時給1500円〟にすれば、2000時間労働で年収が300万円になります。夫婦共働きであれば、家計収入が600万円に達します。この変化を生み出すだけで、出生率は飛躍的な変化を遂げると考えられるのです。

既述したように所得の少ない階層は、収入のうち消費に充当させる比率が高くなります。すべての国民の最低所得を大幅に引き上げることが、経済全体の消費水準を底上げすることに他なりません。この消費の拡大こそ、経済生産拡大の原動力になるのです。

新しい資本主義と言いながら岸田首相が提示したのは、「資産所得倍増プラン」でした。2022年5月5日のロンドンにおける講演で岸田首相は「日本経済はこれからも力強く成長を続ける」と強調しました。ところが近年、日本経済が力強く成長した事実は存在しない。ですから、この一言で講演に対する信憑性はゼロに低下したと言ってもいいでしょう。岸田首相は「新しい資本主義」を「資本主義のバージョンアップ」とも述べましたが、こうなると**単なる言葉遊び**としか言いようがありません。

2021年の金融広報委員会による「家計の金融行動に関する世論調査」では、単身世帯の33・2パーセントが金融資産ゼロでした。1世帯当たりの金融資産保有額平均値は1062万円となりますが、分布の中央値は100万円なのです。つまり、ほんの一握りの者が多額の金融資産を保有しているために平均値が高く表示されているのです。この状況を放置したまま資産所得倍増を叫んでも、これは富裕層に対する「利益供与策」でしかありません。

いま必要な政策は分配問題への明確な取り組みです。金融所得課税を見直し、所得税制度を総合課税に〝一本化〟するべきです。同時に最重要の施策は、すべての国民の最低所得ラインを大幅に引き上げることです。資産所得を倍増する施策を政府が打つことが重要ではありません。結局、岸田内閣の経済政策は従来となんら変わりがなく、新自由主義経済路線がなお推進されているわけです。この政策を指揮命令しているのが米国の支配者ディープステイトなのです。

## 国際勝共連合とCIA

2022年7月8日の安倍元首相射殺事件を契機に、旧統一協会、現世界平和統一家庭連合問題がクローズアップされました。事件発生直後、容疑者が供述したとされる旧統一協会と安倍元首相との関係について、メディアは「容疑者の思い込み」と表現していました。

7月15日放送のテレビ朝日「報道ステーション」の司会を務める大越健介氏は次のように発言しました。「宗教団体への積年の恨みということを供述していますが、なぜその恨みの矛先が一足飛びに安倍元総理に向かったのか。その理由として祖父の岸信介元総理大臣、安倍元総理大臣と宗教団体との関係性を挙げていますけれども、これは到底理解できない中身となっています。徹底した動機の解明を待ちたいと思います」

この発言自体が到底理解できないものであることが明らかになりました。

米国の反共政策と岸元首相の関係は、戦後史の核心の1つです。米国の反共政策、勝共政策と関連の深い国際勝共連合の活動と、旧統一協会の活動が〝表裏一体〟のものであることは、最重要事実の1つなのです。

容疑者が旧統一協会と安倍元首相との関係について供述したとされるニュースについて頭ごなしに否定するのは、こうした歴史的経緯に関する知識の〝希薄さ〟を際立たせるものでしかありませんでした。

1947年以降、米国の対日占領政策の基本路線が転換しました。同年は日本国憲法が施行された年でした。日本国憲法は転向した米国にとって〝鬼子〟の存在でした。日本国憲法を生んだ米国と1947年以降の米国との間には、大きな〝断絶〟が生じています。対米従属主義者が日本国憲法を敵視し、戦後民主主義支持者が日本国憲法を擁護する理由がここにあるのです。

敗戦直後から日本民主化が一気呵成に断行されました。日本民主化を主導したのはGHQ（連合軍最高司令官総司令部）のGS（民政局）でした。しかし1947年に米国の外交政策路線が転向します。「ソ連封じ込め」が米国外交政策の基本に据えられたのです。連動して米国の対日占領政策の基本が転向し、主導権はGSからG2（参謀2部）に移行します。その参謀2

部を取り仕切ったのがウィロビー少将でした。彼と結託したのが吉田茂であり、岸信介は少将の強い働きかけにより、戦犯容疑者から釈放されたと見られます。

GHQは日本民主化を中止し、日本非民主化、日本再軍備化、日本反共化を推進しました。この路線転換＝逆コースのさ中である1947年から52年にかけて、多くの怪事件が発生したのです。これを総括したのが、松本清張著の『日本の黒い霧』でした。


統一協会は1954年に韓国で創設され、日本で宗教法人の認可を受けたのは64年でした。その本部は、渋谷区南平台の岸信介宅隣接地。この統一協会が68年に日本で創設したのが「国際勝共連合」で、これらの動きと深い関わりを有してきたのが岸信介でした。

1948年12月23日、A級戦犯7名に対する絞首刑が執行されました。12月23日は、当時の皇太子の誕生日でした。GHQの死刑執行日選定は、皇太子誕生日に合わせたものと見られます。

その翌日の12月24日、A級戦犯容疑者19名が釈放されました。この中に岸信介、笹川良一、児玉誉士夫らが含まれていたのです。米国の対日占領政策が民主化から反共化、非民主化に急転したなかで日本側の協力し得る者が選出され、その人物が釈放されたものと考えられます。

1967年に笹川良一が本栖湖畔の施設に統一協会創設者の文鮮明、児玉誉士夫の代理人、日本統一協会初代会長を招き、反共組織の設立を検討しました。この検討が基礎となり、68年に国際勝共連合が創設されたのでした。岸元首相がその後ろ盾になります。

1970年には日本武道館で、国際勝共連合主導のWCAL「世界反共連盟」世界大会が開催されました。74年には帝国ホテルで文鮮明主催「希望の日晩餐会」が開催され、その名誉実行委員長であったのがやはり岸でした。その希望の日晩餐会には福田赳夫も出席し、「アジアに偉大なる指導者、救世主が現れる。その名は文鮮明氏である」とのスピーチを行っています。このスピーチ動画は、現在もウェブ上で閲覧することができます。

旧統一協会は韓国において朴正熙軍事政権ならびに韓国の諜報組織であるKCIAの庇護を受けていました。それでも旧統一協会は、設立の当初から反共政策を掲げていたわけではありません。韓国において、異端宗教としてカルト視されていたという発足当初の歴史があるのです。この統一協会が韓国において反共政策を掲げたことにより、政治権力の庇護、擁護を獲得することに成功したわけです。その成功体験をもとに、日本において勝共、反共政策を提示したものと見られます。

ただし旧統一協会には隠された真実がありました。それは旧統一協会が韓国の〝反日認識〟を基礎に据えている事実が存在することです。反日を教義に据える旧統一協会と自民党保守派とされる勢力が深く〝癒着〟してきたという点は特記に値するでしょう。

旧統一協会の教義に、韓国は世界を支配する「アダムの国」、日本は韓国に従属する「イブの国」であり、日本はすべてを惜しみなく与えなくてはならないというものもあります。

戦前に韓国を併合した罪を清算するために、日本人は韓国に貢献しなければならないという教義なのです。

安倍首相を支持する、いわゆる右翼の人々は韓国に対し敵対的姿勢を示してきました。嫌韓の人々が安倍首相を称えてきました。しかし、その一族が脈々と「反日」である旧統一協会と深い関係を維持してきたのは皮肉としか言いようのない話です。

先に日本における旧統一協会の活動拡大の裏に、G2（参謀2部）の対日占領政策が存在すると記述したように、米国の対日占領政策は1947年に大転換を遂げています。民主化は中断され、日本の反共化、非民主化、再軍備化、思想弾圧・思想統制が実行されました。G2のメンバーはやがて旧OSS（戦略情報局）と合流し、CIA（中央情報局）として活動します。そのCIAは日本の反共政策を推進するにあたり、統一協会＝国際勝共教連合をも積極的に活用したと考えられます。CIAの意向を受けて釈放された戦犯容疑者が後ろ盾となって、国際勝共連合が創設されたわけです。国際勝共連合の活動拡大の背後に、CIAの意図が働いていたと見ることができます。

CIAの反共政策の基軸の1つに野党分断がありました。1993年と2009年に一時的に自民党1党支配は崩壊したものの、ＣＩＡの全面的な注力により、自民党はいずれのケースにおいても短期日に権力奪還に成功しています。米国が支配する日本政治構造を維持するために自民党1党支配体制が維持されてきたのであり、公明党もその意思の下で政権与党としての存続を許されてきたと考えることができます。

1996年以降、日本の選挙制度が変革されました。衆議院においては、小選挙区の選挙結果が政権樹立を直接的に左右する状況に移行しました。参議院選挙においても、1人区の選挙結果が選挙全体を左右します。この状況下でＣＩＡが支配を維持する上で最重要戦術となるのが〝野党分断〟です。野党を共産党と共闘する勢力と、共産党とは共闘しない勢力とに分断する。これに成功すれば自民党支配構造は崩れない。ＣＩＡが反共、勝共政策に重点を置いたのは、この点に理由があったのだと思われます。共産主義に対抗するという側面も存在したはずですが、野党陣営を2つに割る点が最重要のポイントだったと思われます。

1960年に民社党が創設されました。民社党創設に際し、ＣＩＡが資金を提供したことが米国で公表された外交文書から明らかにされています。岸首相時代の自民党に対しても、ＣＩＡは巨額の資金提供を行ってきました。

そもそも民社党創設の目的は、日本の革新勢力を分断することにあったと思われます。この民社党の支援母体として1964年に創設されたのが「同盟」でした。大企業御用組合連合と表現することが可能でしょう。そして西村栄一民社党委員長などの尽力で69年に富士政治大学校が創設されました。国際勝共連合が創設された翌年のことです。同校は公益財団法人富士社会教育センターが運営する私塾であり、民社・同盟系の研修機関でした。創設者は民社党の西村栄一第2代委員長。この富士政治大学校の第2代理事長に就任したのが松下正寿でした。

松下理事長は、1968年から74年まで民社党参議院議員を務めています。同時期の69年に旧統一協会関連の市民大学講座学長、74年には旧統一協会が中心になって設立した世界平和教授アカデミー会長にそれぞれ就任しています。そして翌75年には、旧統一協会系の日刊紙である世界日報論説委員に就任しています。

世界日報社からフレデリック・ソンターク著『文鮮明と統一教会　その人と運動を探る』の監訳本や、人物像や理念を紹介した『文鮮明　人と思想』などの著作物を刊行しています。1983年5月に設立された日韓トンネル研究会の設立総会では、松下が「呼び掛け人代表」として挨拶を述べています。85年には「国際ハイウェイ日韓トンネルの構想は国際文化財団の創設者である文鮮明先生のものである。我々はまずこの素晴らしい構想に対して感謝しよう」と書き記しています。

世界平和教授アカデミーは、旧統一協会のシンクタンク機能を担ったと見られています。この世界平和教授アカデミーには反共学者たちのみならず、参与として牛場信彦元対外経済相、郷司浩平日本生産性本部会長、桜田武日経連会長、CIA東京ブランチと言われるアジア財団ジェームズ・スチュアート日本代表、内閣調査室村井順初代室長などが名を連ねていました。

世界平和教授アカデミー事務局は「財界から援助を受けている」ことを認めていました
CIA、民社党、同盟、財界が国際勝共連合と深くつながりを有し、与党政治家として中核的関係を担ったのが岸元首相でした。その娘婿である安倍晋太郎は、旧統一協会が米国におけるロビー活動で中核的役割を果たした朴東宣《パクドンソン》と深い関係を有していました。

息子の晋三氏が大学卒業後、米国南カリフォルニア大学に語学留学した際に、パクに世話を委ねたことが確認されています。安倍晋三氏は留学した際に、旧統一協会と深い関わりを有するパクと深い関係を持ち、岸信介、安倍晋太郎と続いた旧統一協会の関係を引き継ぎ、現在に至るまで深い関係を続けてきたと見られます。

自民党と旧統一協会・国際勝共連合が表の関係であるとすれば、裏は国際勝共連合と旧民社党・同盟の関係です。左派系の労働組合である総評と親米御用組合の同盟とが合流し、連合が創設され、現時点で主導権を握ったのは旧同盟系組合でした。連合加入者は約700万人存在し、そのうちの約400万人がいわゆる「6産別」に属する労働者です。電力、電機、自動車、鉄鋼、機械・金属、繊維・流通などの大企業御用組合連合と表現することができます。連合会長の芳野友子女史は6産別のＪＡＭ所属です。彼女は富士政治大学校で反共理論を叩き込まれたと見られています。この連合が声高に「共産党との共闘阻止」を叫び、立憲民主党大敗北が誘導されてきたのです。

旧統一協会・国際勝共連合の日本における反共政策推進の両輪として自民党および旧民社党・同盟を通じた癒着が存在したと考えられることを知らなければ、問題の全体像を摑むことはできないのです。

## コロナ失政

コロナパンデミック騒動が勃発して、約3年の時間が経過しています。問題は、ピークを通過したと見てよいでしょう。拙著『日本経済の黒い霧』に記述した通り、コロナパンデミックには人為的創作の影がつきまとっています。

コロナパンデミックの象徴的な起点が２０１９年10月18日であることを記しました。ニューヨーク・マンハッタンの高級ホテル、ザ・ピエールでイベント２０１なる会合が開催されました。ＷＨＯ、国連基金、世界銀行、米国疾病予防管理センター（ＣＤＣ）、中国疾病予防管理センター（ＣＣＤＣ）などが共催するイベントでした。

最大の資金提供者とみられるのが「ビル＆メリンダ・ゲイツ財団」で、半年後に表面化するコロナパンデミックのほぼ全貌が予行演習されたイベントでした。「コロナコンスピラシー」という単語で検索すれば、現在もウェブサイトで24分程度のダイジェスト版動画を閲覧することができます。

唯一現実との相違があるとすれば、現実の被害が２０１９年の予行演習よりは、かなり小規模なものになった点でしょう。本来は、より毒性の強いウイルスが広がることが想定されていたと見られます。

奇《く》しくも同年10月18日に、中国の武漢で世界軍人体育大会が開催されました。米国からも多数の軍人が参加、武漢を訪問しています。この武漢こそコロナパンデミックの発祥地とされた土地です。自然発生によるものか、中国の細菌ウイルス研究所から漏出したものであるのか、あるいは米軍が中国に持ち込んだものであるのか。真相は永遠にベールに包まれたままで終わるのかもしれません。いずれにせよ半年前に問題発生の伏線が張られていた点は、留意に値するでしょう。

パンデミック発生の当初に、最大限の警戒体制が取られることは順当です。特効薬が存在せず疾病の本質が定かでない局面において最大の警戒策を講じることはリスク管理の鉄則です。

当初は、コロナ感染症による重篤化事態も多発したと考えられます。しかしながら時間の経過とともに、疾病への対処方法が確立され、治療薬の開発も進展しました。

こうした疾病発生に対する費用対効果の観点から言えば、本来は治療薬開発に全力が注がれるべきです。治療薬の投与対象は感染者で、感染者の全人口に占める比率は限定的です。ところが今日の最大の特徴は、これが世界規模のワクチン大接種活動に移行した点にあります。

ワクチンのビジネスモデルは、コンピュータの基本ソフトのビジネスモデルと類似性があります。コンピュータの基本ソフトはコンピュータ保有全数が対象になります。同じようにワクチンの最大の特徴は、感染者ではなく、まだ感染していない〝全人口〟が接種の対象になることです。

２０２０年11月18日に、ファイザー社製ワクチンの有効率検証結果が発表されました。ここから有効率95パーセントの数値が〝１人歩き〟しました。

しかしながら、このファイザー社製ワクチン有効率95パーセントの検証に多くの〝疑問〟が提示されたのです。詳しくは新潟大学の岡田正彦名誉教授が著書『大丈夫か、新型ワクチン』（花伝社）で詳述しているのでご参照ください。

結論から言えば、ファイザー社製ワクチンの有効率は極めて疑いの濃い数値であるというものです。問題は、このワクチン接種後に死者が激増していることです。

厚労省は新型コロナワクチンにおいて、政府への報告義務規定を〝全面変更〟しています。

これまでのインフルエンザ予防接種などにおいては、接種後死亡、入院、機能障害、機能障害のおそれの全数に報告義務が課されていました。これに対し、新型コロナウイルスワクチンの場合には、医師が〝関連性が高いと認めた場合〟のみが報告対象とされたのです。

つまり接種後の問題発生に対する報告が、著しく過小になっている可能性が高いわけです。ところが、その過小になっている報告においてさえ、接種人数当たりの接種後急死者数が、インフルエンザの〝250倍〟の水準に達しているのです。驚くべき数の接種後急死者数です。しかも報告されている死者数は氷山の一角であると考えられるため、想像を絶する数の死者が存在すると見られるのです。

人口動態調査の数値を確認すると、コロナパンデミックが広がった2020年の日本の死亡者数は、前年比で8338人減少しました。パンデミック発生にもかかわらず死亡者数は前年比8000人減となったのです。ところがワクチン接種が一斉に実施された21年の死者数は、前年比6・8万人増加したのです。

東日本大震災が発生した2011年の死者数増加5・6万人をはるかに超え、戦時下を除き85年ぶりの死者激増となりました。22年は8月の数値までが速報値で公表されていますが、1月から8月までの死亡者数対前年比増加は7万1460人です。年率換算すると10万7190人死者が増えることになります。死亡者数が85年ぶりに激増した21年を上回り、前年比10万人以上の死者数増加が計上される勢いになっています。

この事実は、ワクチン接種が死者数激増を招いたことを示唆するものです。

ワクチン接種以外に死者数が激増する要因が見当たりません。

財務省は、コロナの医療関係の国費支出についての集計をまとめて発表しています。これまでに16兆円のコロナ医療関係費が支出され、そのうち4・7兆円がワクチン関連費用です。ワクチンの購入費は2・4兆円。ワクチンの接種費用は2・3兆円。2・4兆円のワチン購入代金は、8・8億回分のワクチン購入費用に該当します。

政府はワクチン接種を推奨し、2回目までは国民の9割が接種したのですが、3回目の接種比率は6割強でした。これまでのワクチン接種回数は延べで3・2億回程度。政府は8・8億回分の購入契約を締結しているため、このまま接種が増加しない場合、5億回分のワクチンが無駄になる計算です。要するに1・5兆円程度の国費が〝無駄遣い〟に終わるのです。

例の「アベノマスク」が厳しい批判の対象になったのは記憶に新しいところですが、その費用は約260億円でした。ワクチンが仮に1・5兆円の無駄遣いになるとすれば、アベノマスクの比ではありません。

ここで見落とせないことは、このコロナパンデミックの拡大下で国立病院、公立病院、地域医療振興機構の病院の収支が〝劇的改善〟を見たことです。つまりコロナ第2類相当指定により、コロナ指定医療機関の収支が劇的改善を示しているのです。コロナ指定区分を第5類相当に変更すれば、ワクチン接種は急速に減少することになるでしょう。その結果、ワクチン購入費の無駄遣いが発生するだけでなく、接種費用を医療関係者が〝受け取り損ねる〟ことになります。

このような理由でワクチン利権関係者および医療関係者は、コロナの第2類相当維持を強く望んでいると考えられるのです。しかしながらコロナ指定区分をこのままで維持すると、コロナ診療が一般の〝かかりつけ医〟では対応できません。このことがパニックを生み、さらなるコロナ大混乱を引き起こしかねません。

重篤化率等の指標から考えれば、コロナをインフルエンザ並みの第5類相当に指定区分するのが妥当なのです。問題は第5類に移行させた場合に、医療費負担が全額公費負担ではなくなることです。これを解消するには公費負担を〝残存〟させながら、それ以外の対応を第5類相当にするのが妥当です。これが現実的対応です。

ところが岸田内閣は2022年11月まで指定区分変更に背を向けてきました。また完全に意味を失っている接種証明制度を残存させています。コロナ感染が拡大するなかで、岸田内閣は全国旅行支援、あるいは都道府県の県民割事業を推進しています。しかも旅行支援の利益供与の条件にワクチンの3回接種証明または陰性証明の提示を義務づけているのです。

ワクチン接種を受けていても感染します。ウイルスの変異が進み、ワクチン接種は感染予防にほぼ〝無意味〟であると言ってよいでしょう。それにもかかわらず、接種証明だけで旅行支援を受けられるのです。陰性証明は陰性の証明になりますが、接種証明は陰性の証明になりません。接種済の感染者が感染拡大に〝貢献〟することが容易に想像できるのです。

ワクチン接種を受けた感染者が旅行して感染を広げる危険性が著しく高いのです。また、外国人の入国規制が緩和されていますが、依然として3回接種証明を求めています。欧州ではワクチン接種証明制度はほぼ全廃されました。米国だけがワクチン2回接種を入国の条件としていますが、これは米国が〝ワクチン利権〟の宗主国であることと関係しています。明らかな反知性主義の施策です。日本においては、コロナ指定区分を直ちに第5類相当に変更することが合理的であり、国民の不安を抑制するために公費負担だけを残存させるべきです。

他方、ワクチン接種による薬害問題が発生している疑いが濃厚で、厚労省は「薬害根絶」の誓いを立てた経緯を踏まえ、検証を始動させるべきです。

コロナ指定区分の変更が遅れれば、2023年前半にかけてコロナ感染再拡大ならびにインフルエンザ感染拡大の広がりに連動して、再び経済活動が著しく停滞する危険が高まると思われます。今後も新たな感染症が発生する、あるいは創作される危険は存在し、警戒を怠ることはできませんが、少なくともコロナ問題については、現実に見合う合理的な対応を展開しなければ、日本経済だけが停滞を続けるという事態を回避することはできないでしょう。

## 利権財政と権利財政

岸田内閣は日本経済停滞、円暴落、インフレ進行に対応し、新たな総合経済対策を策定しました。補正予算の追加規模は29兆円とされ、巨大な経済政策が実行されます。

２０２０年度には３次にわたる補正予算が編成され、70兆円もの国費が追加支出されました。22年度は30兆円規模の財政支出が追加されます。これらの巨大補正予算は、日本財政が巨大な〝余力〟を残存していることを示しています。

国の歳出は、一般会計と特別会計を合わせて総額約２７０兆円になります。そのうち約93兆円が国債費。つまり国債の利払い、ならびに償還費になります。そして約97兆円が社会保障関係費です。年金、医療、介護を中心に、それ以外に失業給付、生活保護、子育て関連の支出が含まれます。地方に対する交付税が約20兆円。財政投融資が約26兆円あります。これらをすべて差し引いた残りの約34兆円が国の政策支出全体を意味するのです。この政策支出の中に公共事業、文教および科学振興　防衛関係、食料安定供給、エネルギー対策、中小企業対策、その他のすべての政策が含まれます。つまり２７０兆円という巨大な国費支出があるものの、実際

## 一般会計特別会計歳出純計と政策支出規模（2022年度）

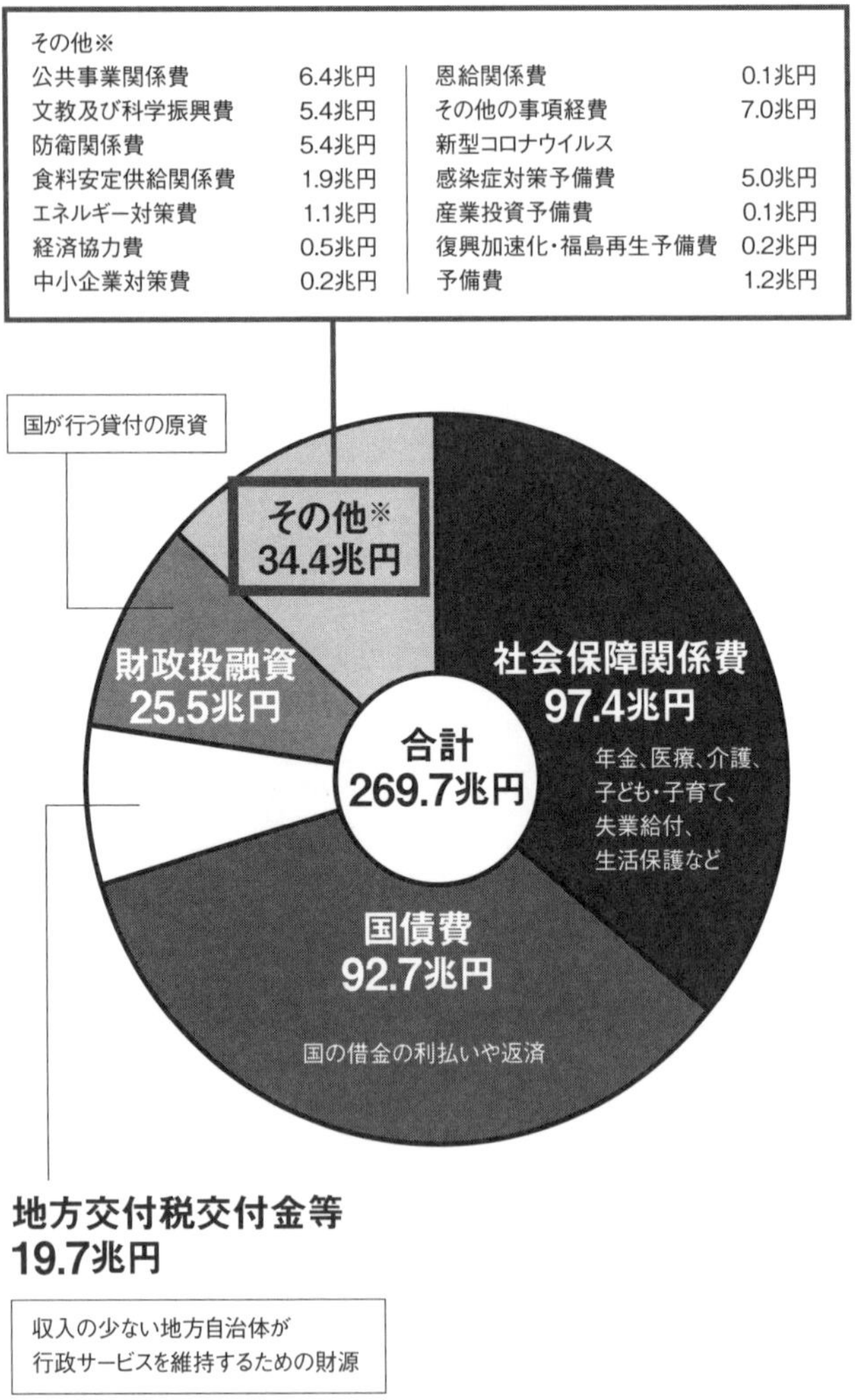


（注）令和4年度当初予算ベース。

に政策運営のために充てられる支出は1年間の総計で約34兆円なのです。

この予算規模に対し、２０２０年度の補正予算70兆円、22年度の補正予算30兆円は明らかに過大といえます。20年度の場合、この70兆円の予算の中で１人10万円の一律給付が行われました。その合計金額は約13兆円でした。

70兆円をまるまる均等な国民給付としていれば、１人50万円の給付もできた金額です。全員一律の国から国民への直接給付ほど透明公正な政府支出はありません。たしかに、お金持ちに給付金を支払う必要があるかとの反論は生じました。

この問題に対処するには、政府からの給付金を〝課税対象〟にすれば良いのです。10万円を政府から支給されても、追加収入に対し税率50パーセントが適用される人は５万円を国庫に返納しなければならないとすれば、金持ち優遇との批判を回避できるのです。

70兆円の国費の追加があったのに、透明公正と言える政府支出は13兆円でした。その他コロナ問題での持続化給付金や家賃支援給付金などを合わせても、国民に対する直接給付は20兆円に過ぎません。残りの50兆円が極めて不透明な資金配分になったのです。

この不透明な資金配分こそ、霞が関官僚機構と利権政治勢力の利益の〝源泉〟です。例えば旅行支援事業に際して、地域の特産品を旅行者に抽選でプレゼントする事業が行われています。この事業を、宿泊する旅館でスピードくじにして実行すれば、経費は最小で済むはずです。ところが都道府県が所管する観光関連外郭団体が特産品提供の事務を取り扱い、この外郭団体がほとんど無意味なアンケート調査を実施し、それに回答した者に対してプレゼントを支給するとなると、事務経費は膨大になります。しかし、この事務経費こそ〝利権〟の源泉なのです。

都道府県の天下り機関がさまざまな事務取り扱い、印刷などの事業を請け負って民間委託しています。この事業を請け負う機関に公費が投下されるわけです。政府から国民に直接給付する財政支出を極力減らし、政府の外郭団体経由、政府が特定の事業者を選定する事業に財政資金を回す。これが日本の利権財政構造の〝原型〟といえるのです。


政府支出は2つに分けることができます。1つは社会保障などに代表される支出で、これを**「プログラム支出」**といいます。制度が法律によって確定されれば、この制度に基づいて支出は自動的に決定されることになります。医療費、年金、介護などは制度によって支出が客観的に算出されるため、不正が入り込む余地は小さい。

これに対し、その都度政府が支出対象を選定し、事業を委託する事業者を選定する支出を**「裁量支出」**と呼びます。

財務省は裁量支出を極大化し、プログラム支出を最小にする財政運営を目指しているのです。プログラム支出は票と金になりにくく、裁量支出は票と金に〝変質〟するからです。

1年の政府政策支出が34兆円のときに70兆円の補正予算は、明らかに過大と言えるでしょう。消費税の税率を5パーセントに引き下げる場合、1年間に要する費用は10兆円です。70兆円の補正予算をいとも簡単に編成できるのであれば、消費税減税を具体的に検討することは極めて容易と思われます。ところが財務省は制度的な減税、プログラム支出拡大を徹底的に嫌います。生活保護、年金給付を切り込み、医療費の本人負担を引き上げ、年金支給開始年齢を引き上げるのです。

こうした「プログラム支出」が圧縮され続けています。プログラム支出は権利を〝保証〟するための財政支出です。他方、裁量支出は利権を〝創出〟するための支出に他なりません。

財務省は**「利権財政」**を推進し、**「権利財政」**を切り込んでいるわけです。本来は利権財政を皆無に圧縮し、すべてを権利財政に充当するべきです。

70兆円のコロナ補正予算を編成するのであれば、すべての国民に50万円の一律給付を行うのが、最も透明で公正な方法であると筆者は考えます。30兆円の補正予算を編成するのであれば、3年間消費税の税率を5パーセントに引き下げる政策を打ち出すのが最もインパクトがあり、経済効果も大きい。しかし実際にはこうした正しい政策は行われず、金と票を目指す財政の〝利権化〟が推進されているのです。

## 日本凋落の主因

2022年10月28日の金融政策決定会合で、日銀が「大規模な金融緩和の維持」を決定しました。他方、日銀は22年度の消費者物価上昇率の見通しを2・9パーセントに引き上げました。周知の通り米国やEUが金融引き締め政策を強化するなかで、日銀だけが超金融緩和政策を維持しています。この結果、日本円が暴落しているのです。日本円の実質実効レートは52年ぶりの水準に暴落しています。1ドル＝360円時代の日本円よりも〝弱く〟なっているのです。したがって日本人が海外に出れば、日本円の暴落、価値喪失を思い知らされることになります。

外国人にとって日本は国全体の売り尽くし、大バーゲンセールの状況にあります。日本が訪問したい外国のトップにあげられたことを〝喜んでいる〟場合ではありません。この状況を放置すれば、日本は外国資本に乗っ取られることになるのです。

「経済的安全保障」を論じるなら、通貨高による日本防衛を論議するのが先決です。日銀の黒田東彦総裁は日本買い占めを狙うハゲタカ資本と通じているのだと思われます。円暴落誘導は、日本買い占めを狙うハゲタカ資本、世界資本支配勢力に対する最大の〝利益供与策〟になるからです。日本国民は円暴落によって巨大損失を被っています。

為替政策の所管官庁は財務省ですから、日本円暴落に歯止めをかける責務を負っています。同時に過去の為替介入に対する責任も負っています。日本政府は、これまでのドル買い介入の蓄積として、約1兆ドルの外国証券を保有しています。

過去はドル買いを続けた後もその下落が続き、日本政府は巨大な為替含み損に喘いできました。巨大な損失を計上してきたからです。ところがドル高＝円安が進行して、日本政府保有の外国証券の含み損が消滅し、現在は巨額の含み益を計上する状況に転じたのです。

筆者は、この局面で保有する米国国債を全額売却するべきだと考えています。保有米国国債売却で40兆円程度の利益を計上できるはずだからです。実際に保有外国証券を売却せず、含み益を念頭において財政支出を拡大するべきとの意見がありますが、不見識極まりないものです。国民民主党が国会で提案したものですが、天下の〝愚策〟といえます。金融投資の利益は売却によって利益を〝確定〟しなければ、砂上の楼閣に過ぎないからです。

日本がバブル景気に沸いていた頃、地価が大暴騰しました。不動産投資家は帳簿の上でビリオネアに成り上がったものの、バブルのピークで売却した者だけが勝者になった。しかし実際にそのような勝者はほとんど存在しませんでした。

その後のバブル崩壊で、帳簿上の利益は跡形もなく消えました。

「よどみにうかぶうたかたはかつ消えかつ結びて、久しくとどまりたるためしなし」

これは鴨長明の『方丈記』の一節で、うたかたとは「泡＝バブル」のことです。バブルは生まれたり、消えたりして長期間とどまることがありません。ドル高の局面で保有外国証券を全額売却して、初めて利益を〝実現〟できるのです。含み益のまま放置すれば、帳簿上の利益は雲散霧消してしまう可能性が高いのです。

40兆円の為替差益を実現したら、この利益を国民に〝還元〟するべきです。それを「利権支出」ではなく、「権利支出」に回すべきなのです。繰り返しますが国民全員に対する一律給付金か消費税減税の財源にするのが妥当です。透明性と公正性が何よりも重要だからです。官僚機構と利権政治屋に委ねれば、そのすべてが利権支出に消えてしまいます。国会で保有外国証券＝米国国債売却を論じるべきだと思います。

米国は米国債売却を歓迎しないでしょうが、その売却が日本国民の利益に資するなら、日本政府は堂々と決定し、実行するべきしょう。たしかに日本が米国の植民地であるなら、米国の命令に服従しなければならないでしょう。しかし独立国であるなら、日本国民の利益を第一に位置づけ、保有する米国国債全額を売却するべきです。1兆ドルの米国国債を売却することは、〝ドル安〟を誘導することにもなります。

この為替レート変動を促進するには、日銀が金融超緩和政策を修正することが必要になります。為替介入は整合的な金融政策運営の下で効果を発揮するのです。これまでのドル売り＝円買い介入が効果を上げていないのは、日銀が金融超緩和政策を維持して、円高誘導を〝妨害〟しているからでした。

日本のインフレ率は3パーセントを超えました。日銀はインフレ率の上昇が賃金上昇をもたらすとの根拠のない主張を示しますが、これまでの歴史的事実から何も学んでいないていたらくを示すものでしかありません。2013年から22年までの間で実質賃金が上昇したのは、デフレの期間に限られていました。どういうことでしょうか。インフレがマイナスになる、すなわちデフレの局面でのみ実質賃金が増加したわけです。

インフレ率がプラスになると、実質賃金は減少したのです。名目賃金がまったく上がらないからデフレの時には実質賃金が増加し、インフレになると実質賃金が減少する。インフレが持続すれば、実質賃金は減少し続けることになるのです。

そのインフレを日銀が放置しています。インフレ加速によって、労働者の実質賃金減少に拍車がかかっています。インフレを喜ぶのは、資本であって労働ではありません。

そもそも「インフレ誘導論」の最大の目的は「実質賃金引き下げ」にありました。冷戦が終焉し、世界の大競争が激化し、先進国の競争力が低下するのは、高い賃金コストにあると判断され、高賃金を引き下げなければならなかったのです。

しかし、名目賃金を引き下げることは、制度上極めて難しいのです。この制約下でのデフレ進行が企業の競争力をさらに低下させるものと懸念されました。ここから「インフレ誘導論」が発生しました。「最適なインフレ率を実現することが望ましい」との主張が提示されたのです。

インフレが進行するなかで名目賃金を据え置けば、実質賃金が減少します。「インフレ誘導」は賃金コスト削減策＝実質賃金減少を目的に提唱されたものでした。日本の現実においても、この考え方は適合しました。デフレの局面で実質賃金が上昇し、インフレの局面で実質賃金が減少したのです。したがってインフレ進行は資本にとっての〝朗報〟ですが、労働者にとっての〝悲報〟なのです。

日銀が「インフレが進行すれば、賃金が上昇する」と述べているのは、完全な事実誤認です。インフレが進行すれば、賃金も増加するかもしれませんが、賃金増加はインフレ進行に追いつかない。こうなると実質賃金が減少する可能性が圧倒的に高いのです。現在の3・6パーセントインフレは日銀が目標とした2パーセントをも上回ります。

日銀は2023年から24年にかけて、インフレ率が低下するとの見通しを示しましたが、金融超緩和政策を維持してインフレ率低下を見込むのは、論理の〝破綻〟以外の何ものでもありません。これまでも日銀はインフレ率見通しを外し続けてきました。日銀は金融政策を修正し、超緩和政策を縮小するべきです。

景気への影響を緩和するためには、財政政策を活用するべきです。日本円暴落は日本円の通貨価値の暴落です。通貨価値を維持することが、日銀の第1の責務であることが完全に無視されているのです。黒田総裁の「支離滅裂政策運営」の批判が沸騰しないことが、この国の経済学界の沈滞を物語っています。

第1に、日本政府が保有する米国国債全額の売却を断行するべきです。

岸田内閣は、円安が進行した際に為替介入を実行する原資となる外貨準備の減少を回避することを、米国国債を売却しない根拠だと説明しました。しかしながら円安防止の方策は、〝金融引き締め〟政策なのです。金融超緩和政策を維持しておきながら、円安是正策がなくなるとの主張はまったく通用しません。

第2に、日本銀行は金融政策運営を修正し、インフレ抑制の方針を明確に打ち出すべきです。インフレ誘導の政策を掲げながら、インフレ率低下見通しを示すのは支離滅裂の極み、日銀の存在意義の放棄、否定とも受け取れます。

第3に、景気悪化回避策として財政政策を適正に活用するべきです。金融引き締め、財政拡張のポリシーミックスに転換することが適正な局面といえます。日銀の再建が急務です。

日本経済の凋落が進行している最大の要因は、政府の経済政策運営能力の欠落にあると筆者は捉えています。コロナ政策も反知性主義そのものです。新たな成長を生み出すために何よりも必要なことは、人材の育成に他ならないことは繰り返し申し上げた通りです。

同時に日本最大の経済問題である格差拡大、弱肉強食化を是正するためには、所得再分配政策が最重要となります。

すべての国民に政府が保証する最低所得ラインを引き上げること。同時に所得の少ない国民に過大な負担を強制する消費税制度を見直すこと。

最低賃金を全国一律で1500円に引き上げ、これと連動する形で生活保障制度を確立すること。

他方、消費税減税ないし、消費税廃止を断行する。

こうした抜本的政策運営がまったく取られていないことが、日本経済凋落の流れを食い止められない原因になっているのです。

# 第4章

# 中国大波乱の予兆

## 習近平第3期始動

中国共産党は2022年10月23日、第20期中央委員会第一回総会（一中総会）を開き、習近平総書記（=国家主席）の3期目続投を正式決定し、新指導部を発足させました。

中国共産党政治局常務委員で構成する最高指導部の7人体制は維持されています。党政治局常務委員7名は党員の頂点に立ち、その権力の大きさから、「チャイナセブン」と呼ばれています。習総書記以外の6名のうち常務委員に留任した2名は、習氏が最も信頼を寄せる人物、新たに常務委員に就任した4名全員は彼に極めて近い人物になりました。

中国共産党指導部には、党大会時点で68歳以上であれば引退、67歳以下であれば次の党大会まで現役を務めるという「7上8下」と呼ばれる慣例がありました。

習総書記はこの慣例を打ち破って69歳で党総書記に再任されましたが、このことはすでに確実視されていました。習氏の第2期が始動した2017年の翌年にあたる2018年に憲法が改正され、2期10年を国家主席の任期上限とする規定が〝撤廃〟されていたからです。憲法改正は第3期に突入することの〝伏線〟であると理解されていました。

この意味で、習近平総書記の第3期突入は既定路線であったと言えます。しかしながら、新たなチャイナセブンの陣容は、事前の大方の予想を裏切るものになりました。

10月23日に公表された第3期の体制には3つの特徴点が存在します。第1は、すでに述べたように習近平総書記が「7上8下」の慣例を打ち破り、中国共産党トップとして第3期に突入したこと。第2に、これまで中国共産党最高幹部内において大きな影響力を発揮してきた共産主義青年団（共青団）出身者がチャイナセブンから一掃されたこと。第3は、新たなチャイナセブンの新メンバーに習総書記が信頼を寄せる人物、ないし同氏の直系の忠実な部下が起用されたことでした。

これまで国務院首相を務めてきた李克強《りこくきょう》氏は、今回の共産党大会時点で67歳の年齢にあり、「7上8下」の慣例において常務委員に残留すると見られていました。中国首相の任期は2期10年が上限とされており、彼が首相の地位を退くことは確実視されていたとはいえ、チャイナセブンの地位を失うとの見方は少なかったのです。

同様に共青団系人脈であった汪洋《おうよう》常務委員も67歳での引退となりました。彼は、李首相の後継首相に就任する可能性が取り沙汰されていました。さらに共青団人脈としては、胡春華《こしゅんか》氏が新たにチャイナセブンに登用されるとの見方が有力でした。ところが、ふたを開けてみると、常務委員に登用されるどころか、その下のランクにあたる「政治局委員」からも除外されてしまいました。

胡春華氏は共青団系人脈のホープとされており、習近平後継として中国トップに就任する可能性が長く取り沙汰されてきた共青団系人脈の最重要人物でした。要は、習総書記が新たな体制から、共青団系人脈を〝一掃〟したかたちになっているのです。

習近平氏の前任の党総書記、国家主席は胡錦濤《こきんとう》氏で、彼が属する共青団系人脈から李克強首相が登用され、その流れを組む人脈のホープとして胡春華のチャイナセブン入りが見込まれていましたが、習総書記はこれを一蹴したのです。

新たな中国共産党政治局常務委員会メンバー7人を序列順に見てみましょう。


序列第1位は習近平（69歳）　政治局常務委員に留任。党総書記を続投。２０２３年3月の全人代で、国家主席にも再任されると見込まれる。

序列第2位は李強《りきょう》（63歳）　上海市党書記。党政治局員から常務委員チャイナセブンに登用された。２０２３年3月の全人代で、次期首相に就任が見込まれる。

序列第3位は趙楽際《ちょうらくさい》（65歳）　政治局常務委員に留任。２０２３年3月に全人代委員長に就任することが見込まれる。

序列第4位は王滬寧《おうこねい》（67歳）　政治局常務委員に留任。２０２３年3月には、政治協商会議主席に就任する見込み。同氏は習近平氏が提示するすべての施策の理論的基盤を付与していると見られている。
序列第5位は蔡奇《さいき》（67歳）
政治局常務委員に新規登用された。イデオロギーおよび宣伝を担当することになるとみられる。
序列第6位は丁薛祥《ていせつしょう》（60歳）
新たに政治局常務委員に抜擢された。日本で言えば、内閣官房長官の役割を担うことが想定される。次期筆頭副首相に就任すると見られる。
序列第7位は李希《りき》（66歳）
新たに政治局常務委員に登用された。中央規律検査委員会書記として、「反腐敗闘争」を主導すると見られる。

7人の政治局常務委員のうち、趙楽際氏と王滬寧氏がチャイナセブンに留任しています。2人とも習氏が全幅の信頼を置く側近です。新たにチャイナセブンに登用された4名のメンバーは、いずれも習総書記のこれまでの部下、側近だった人物です。この新体制の人事について、中国共産党内部で意見対立が存在したのではないかとの憶測が流布されています。
この中国共産党大会は、10月16日から10月22日にかけて開催されました。党大会期間中、大半の会議が非公開とされ、議論の内容は外部に漏れていません。メディアのカメラの立ち入りが許されたのは、共産党大会最終日の22日に開かれた閉幕式直前の休憩時間からでした。

会場の北京人民大会堂に入ったカメラは、最高指導部の政治局常務委員や、その経験者らが着席する壇上中央に向けられました。このとき異変が生じたのです。壇上中央に着席していた胡錦濤元国家主席・元総書記が男性職員に抱えられるかたちで立ち上がらされ、退席したのです。このことについて、さまざまな論議が沸騰しました。メディアが流布した解説の主流を占めたのは「胡錦濤に習近平が進める人事に不満があり、全世界のメディアのカメラが映し出す場面で抗議の意思を表明しようとした」というものでした。

壇上のテーブルには重要な書類が置かれており、胡錦濤氏がその書類の内容を確認しようとして手を差し出したが、これが阻止され、退場させられたと

**新チャイナセブンと想定される役職**

| | | |
|---|---|---|
| 習近平 | 69 | 総書記・国家主席・中央軍事委主席 |
| 李強 | 63 | 首相（上海市党委員会書記） |
| 趙楽際 | 65 | 全人代委員長（中央規律検査委書記） |
| 王滬寧 | 67 | 政治協商会議主席（中央書記処書記） |
| 蔡奇 | 66 | 中央書記処書記（北京市党委書記） |
| 丁薛祥 | 60 | 筆頭副首相（党中央弁公庁主任） |
| 李希 | 66 | 中央規律検査委書記（広東省党委書記） |

の解説も流布されました。また胡錦濤氏に配布された資料には事実でない人事案が記載されており、彼は習近平氏の前に置かれた書類の内容を確認しようとしたのではないかとする説まで浮上しました。

報道が解禁されたタイミングで胡錦濤元国家主席が退席したことでメディアが大きく報道しました。中国政府は体調問題による退席と説明していますが、客観的に見てこの説明は一定の説得力を有していると考えられます。

この問題について最も冷静かつ説得力の高い仮説を、中国に造詣の深い遠藤誉筑波大学名誉教授が提示しています。彼女は北京に在住する中国政権の内部状況に精通する知人に事案の内容を問い合わせ、明確な回答を得たことを公表しています。

彼女が入手した情報は、中国政府の公式発表に近い内容でした。その要点は以下の2点として示すことができます。第1は胡錦濤氏が党大会を主催する主席団代表の1人であり、党大会で討議決定される内容をすべて事前に把握していたという点です。党大会の主席団代表は、党大会の運営を管理監督する側であり、党大会の討議内容、決定内容をすべて把握しており、壇上においてテーブルに置かれていた書類の内容を確認する必要そのものが存在しないというものです。

第2の焦点は、胡錦濤氏の認知能力に問題が生じているという点です。彼は認知症に侵されているだけでなく、同時にパーキンソン病を患っているとの説が示されています。その家族、親族は党大会出席に反対の意向を示してきましたが、本人の強い意思により出席が決定されたといいます。

しかしながら、何らかの問題が生じることを警戒して彼のボディーガードがひな壇の幕裾でスタンバイしていたようです。実際に問題が生じ、ボディーガードが彼を退席させたというものです。映像でその表情を確認する限り、何らかの認知障害が生じていることは可能性として高いと判断されます。

遠藤教授は中国政治の内情に詳しい現地の関係者から情報を入手しており、この記事の内容の合理性、説得力が高いと判断されます。

世界のメディアがカメラを入れた直後に発生した事態であるだけに、意図的に演出された異常事態であったのか、偶然に発生した事案であるのかの判定は難しい。それでも全体として理解できることは、広い意味で元国家主席に何らかの健康上の問題が生じている疑いが強いということでしょう。江沢民《こうたくみん》氏などは共産党大会そのものを欠席しています（11月30日に死去）。

とはいえ、新たな中国共産党最高幹部の陣容が決定され、そのなかから共青団系人脈が一掃されたことは事実です。胡春華氏に至っては常務委員に登用されなかったばかりでなく、1つ下のランクである政治局員からも除外されたのですから。

習近平氏が中国トップとして行動してきたなかで、その意思、考えが必ずしも迅速かつ大胆に決定されてこなかったことに対する〝反省〟が存在する可能性があります。この問題をクリアするためには、中国共産党内部における意思決定体制を改革する必要があった可能性があると、筆者は思っています。

2019年以降、トランプ前大統領が仕掛けた米中貿易戦争激化のなかで、中国は苦渋の選択を迫られました。米国の要求に対し譲歩を重ねるスタンスで望むのか、それとも強硬な手法を次々に繰り出す米国に正面から立ち向かい、強い対抗姿勢を示すかの選択は重要問題でした。これらの問題について、習近平氏が掲げる主張に対し共青団系人脈が〝異論〟を唱えるという図式が頻発した可能性もあるからです。

ロシアのウクライナでの軍事行動に関連しても中国がどのようなスタンスを示すのか。こうした問題において、共青団系人脈が中国最高指導部内において強い影響力を有するために、迅速な意思決定が〝困難〟になる状況が存在した可能性も否定できないのです。こうした現実の問題点を踏まえるなかで習近平氏が敢えてリスクを取るかたちで共青団系人脈を排除した可能性があります。

米国を中心とするメディアは、習総書記が独裁体制を強化し、皇帝に君臨する方向に駒を進めたとして、新たな習近平体制を〝非難〟する論調を形成しています。

しかしながら近日の対応を振り返るならば、激変する世界情勢、緊迫化を強める軍事情勢下での迅速な意思決定、同時に米国帝国主義に服従しない体制構築のために、習近平氏の意思がストレートに反映される政治体制構築を彼が目指した側面は否定し切れないのです。

## 止足の計、微妙玄通

2022年10月に開かれた第20回中国共産党大会。事前の予測通り、習近平氏の中国トップとしての第3期入りが決定されました。

このことについて米国を基軸とする欧米のメディアは批判色に染め抜いて報道しています。異例の第3期入りを強調し、独裁体制が構築されるとするものでした。しかし規則を無視して第3期入りを果たしたわけではありません。周到に準備を重ね、3期入りを可能にする制度変更を実現した上で移行しているのです。

習政権が第2期に移行したのが2017年でした。その翌年に憲法改正を実現し、中国国家主席の任期上限「2期10年」という制度を撤廃しています。この時点から習近平第3期入りに向けての〝意志〟は明確に読み取られていました。

ちなみに韓国では、大統領の再選が認められていません。そのために政治が継続性を失うとの批判もあり、大統領再選を認めるべきとの主張も存在します。

例えばドイツのメルケル首相は2000年から18年まで18年余りの期間CDU（キリスト教民主同盟）党首を務め、2005年から21年まで16年間も首相に在任したのです。中国の習近平氏が中国トップを10年務め、15年目に向かう第3任期に移行したとしても、騒ぎ立てるほどのことではありません。

激しい権力闘争の中で第3期目入りを果たし、かつ体制を強化した政治力、人心掌握力は驚異的であり、そのことを称賛する言説が表出されてもおかしくはないほどです。しかし現実には習近平独裁体制が出現というかたちで、その第3期入りを誹謗中傷する言説が西側メディアでは主流を占めています。

中国において、現実に習近平氏への権力集中が一層進展したと判断されます。新しい陣容を見れば、そのことは鮮明です。下馬評では共青団系列に属する李克強氏、汪洋氏が政治局常務委員に残留し、共青団系人脈の次期ホープと目されていた胡春華氏も常務委員に登用されるとの憶測が強かったのです。

ところが中国共産党最高幹部の7名チャイナセブンならびにそのワンランク下の最高幹部である中央政治局委員24名から李克強、汪洋、胡春華の共青団系人脈3名が外されました。とりわけ胡氏が中央政治局委員からも外され降格となったのは衝撃的でした。

この新たな体制について、1つの懸念が存在します。**「満つれば欠く」**ということわりがあります。「福取り尽くすなかれ」という言葉もあります。権力闘争が渦巻く政治社会であるから、立場を失った側には恨みや憎しみが残る。こうした権力基盤強化は、この意味でリスクを伴う側面があると筆者は感じます。

習近平氏は日頃の演説のなかで孔子や孟子、老子、荘子など中国古代の思想家の言葉を頻繁に引用して説く点に特徴があります。中国メディアはこれらを「習語録」として宣伝し、社会に浸透させようとしています。古典好きであった毛沢東に倣《なら》ったとも見られますが、習氏が中国古代思想に通じている点は見落とせないでしょう。

中国の古代思想「老子第44章」に次の言葉があります。

「足るを知れば辱められず、止るを知れば殆うからず、以って長久なるべし」

つまり、これで満足ということを知れば恥をかくことはない。これで満足と立ち止まることができれば、危険に遭うことはない。このようであってこそ長く平穏保つことができるという意味で、これを「止足《しそく》の計」という。習総書記はこの言葉をどのように受け止めているのでしょうか。

だが同じ「老子第15章」にはこんな言葉もあるのです。

「古えの善く道を為す者は、微妙玄通、深くして識るべからず。それ唯だ識るべからず。故に強いてこれが容を為さん。予として冬に川を渉るが若く、猶として四隣を畏るるが若く、儼《げん》として其れ客の若く、渙《かん》として氷《こおり》の将《まさ》に釈けんとするが若く、敦《とん》としてそれ樸の若く、曠《こう》としてそれ谷の若く、混としてそれ濁れるが若し」

古くからの道を十分に収めた人は、その微妙な働きによって奥深いところに通じており、奥深さ故にそのあり様は到底理解することはできない。理解できないことではあるが、あえてそれを説明してみよう。

躊躇《とまど》いつつ冬の冷たい川を渡るときのように慎重で、念には念を入れて四方の敵を恐れるように注意深く、きりっと威儀を正した客のように厳粛であり、和やかで素直なことは氷が解けるときのようであり、切り出したばかりの丸太のように純朴であり、深い谷間のように寛容であり、なんでも合わせ飲むのは濁り水のようである。

習氏の政権基盤固めは躊躇いつつ冬の冷たい川を渡るときのように慎重で、念には念を入れて、四方の敵を恐れるように注意深くに通じるものが感じられます。この姿勢で権力基盤を固めているとすれば、政権の崩壊は遠いものであるかもしれません。

しかし問題は習近平氏自体の存在が永遠のものではないこと。さらに何らかの要因で異変が生じるとき、中国が大きな混乱に陥る可能性を否定できません。強大な一強体制を築いたと言えますが、そのこと自体が持つリスクと〝背中合わせ〟である点を見落とすことはできないのです。

習近平体制については前出の遠藤誉筑波大学名誉教授の指摘が正鵠を射ていると思われます。第20回中国共産党大会を終えた習近平氏は10月27日に新しいチャイナセブン全員で延安を視察しました。遠藤教授はこのことが父の敵討ちのために新政権を作った証拠であると指摘します。10月27日、習氏を先頭にした新チャイナセブンは「中国共産党第7回党大会跡」や「毛沢東の旧居」を視察した後、「延安革命記念館」の「偉大なる歴史工程―中共中央の延安における13年間の歴史陳列」などを参観しました。

遠藤教授は著書『習近平　父を破滅させた鄧小平への復讐』（ビジネス社）で、父である習仲《しゅうちゅう》勲《くん》が鄧小平《とうしょうへい》の陰謀によって1962年に失脚させられ、16年間も軟禁生活を送らされたことを心から恨《うら》んでいると指摘しています。同教授は、この第3期目は「父のために敵を討つことを目的とするものだ」と主張しています。

習近平氏の掲げる基本政策は2つ、腐敗撲滅と共同富裕です。鄧小平は「先富論」を唱え、まずは国が豊かになることを是認しました。このなかで躍進を遂げたのが上海閥でした。しかしながら、この経済成長優先＝改革開放路線の下で政治腐敗が深刻化しました。同時に、現代中国社会が抱える最大の問題である格差問題が著しく拡大したのでした。

習氏は毛沢東が唱えた「共同富裕」に立ち返るとともに、腐敗撲滅に〝全勢力〟を注いだのです。この運動が政敵を撲滅することにもつながりました。

彼が中国国内で国民の絶大な支持を得ている最大の背景に、この腐敗撲滅がありました。政治の自由は制限されるが、他方で中国政権幹部による汚職を全面的に取り締まってきた。同時に経済政策運営においては先富論を否定し、共同富裕、すなわちすべての人民が豊かになることを目指す方向性を明示したのです。

西側社会では「価値観外交」と称して、自由、人権、民主主義、市場経済、法の支配が喧伝されますが、その内実が自由と市場経済と人権、民主主義、法の支配の対立にある点を見落とせない。政治腐敗を一掃し、貧富の格差を解消するという方針を明示し、多数の政治汚職事案を摘発してきた実績が体制を支える最大の要因になっているわけです。この点を見落として、習近平独裁体制とだけ非難することは適正ではありません。

## 三条紅線と金融不安

過去25年間、中国経済は大躍進を遂げてきました。名目ＧＤＰの規模は、１９９５年を１００とすると、２０２０年には２０００を超えました。中国経済の規模は、25年で20倍の規模に膨張したのです。いま、この奇跡の大躍進に大きな曲がり角が到来しています。中国経済の停滞が極めて深刻な状況に至り、場合によっては世界不況をもたらす原因になりかねない状況にあるのです。

1990年代以降の「日本の不動産バブル崩壊過程」を中国政府は研究し尽くしてきました。同じ轍を踏まぬよう、中国政策当局が強い意識を保持していることはわかります。しかし、その中国でいま極めて深刻な不動産市場の不振が続いているのです。

需要が急速に縮小し、不動産価格も下落に転じています。住宅を中心とした不動産の販売不振は、家電を始めとする耐久財消費を抑制し、不動産企業の投資抑制をもたらしています。この不振が経済全体の最大の〝下押し〟要因になっているのです。

対GDP比で40パーセントを超す不動産向け融資は持続不能。その調整に移行した段階で中国恒大集団（エバーグランデ）のような過剰債務問題が噴出しました。不動産価格の高騰、過剰な融資、格差拡大に歯止めをかけるために、中国政府が融資の規制を強化した2021年夏以降、不動産会社の資金繰り問題が表面化するようになったのです。その象徴が恒大集団でした。総額約2兆元（約40兆円）という巨大負債を抱える企業の破綻は、金融市場および経済活動にも重大な影響を与えることになります。

中国政府は、2020年8月に3つのレッドライン「三条紅線《さんじょうこうせん》」を設定し、不動産企業への銀行融資を制限しました。

3つのレッドラインとは、①物件前売りで得る資金を除く資金負債比率が70パーセント以下、②自己資本に対する負債比率が100パーセント以下、③短期債務を上回る現金保有。

この3つの条件をクリアしている企業に対しては、年間の有利子負債の15パーセント増加を認める。2つの条件をクリアしている企業には、民間の有利子負債の10パーセント増加を認める。1つの基準しか達成していない場合には、年間の有利子負債の5パーセント増加を認める。そして、この3つの基準をすべてクリアできていない場合には、年間の有利子負債の増加を認めないというものでした。

中国の不動産市場では、借入金で開発販売に取り組み、売却代金で返済するというビジネスモデルが広く採用されています。いわば〝自転車操業〟状態で不動産開発が拡大されてきました。「三条紅線」の設定により、不動産企業の活動が強い制約を受けたわけです。

中国政府は2020年12月に、銀行の不動産関連融資に対しても規制を発動しました。銀行融資の審査が厳しくなり、消費者は不動産を買え控えるようになったのです。

中国全土でマンション建設が中断し、未完成のまま放置されるケースが続出しています。この状況下で購入者が住宅ローンの支払いを〝拒否〟する動きが広がっているのです。

このように不動産関連融資が不良債権化するリスクが急激に高まっています。恒大グループの負債総額約2兆元は日本円にして約40兆円に該当し経営破綻すれば、巨大な衝撃が走るのは確実。リーマン・ショックの再来になると警戒されています。

中国では、住宅が完成する前に住宅購入者から代金を受け取ることが一般的です。新築住宅販売の約8割は、不動産開発会社が1~3年後に引き渡すとの約束に基づく〝未完成物件〟なのです。購入者は30パーセント前後の頭金を払い、残金を住宅ローンで返済することが多い。ところが政府による融資規制強化によって、住宅建設そのものが〝中断〟してしまう例が多発しています。

その不動産開発会社は、購入者から受け取った代金をすでに債務返済等に充ててしまっており、住宅購入者へ資金返済することができない。購入者は住宅を手に入れることができない状況の下でローンの返済だけを行うことを求められている。この住宅ローン返済について、購入者がその返済を拒否する動きが広がっているのです。

返済拒否が行われる住宅ローン残高は3700億ドルに達する可能性があると言われています。中国全体の金融機関の個人向け住宅ローン残高は約5・8兆ドルであることから、支払い拒否の対象となる住宅ローンは全体の16パーセント程度に達することになります。

しかし金融機関は貸し倒れ引当金を積み立てており、この貸し倒れ引当金により、不良債権化した貸付資金についてカバーできると考えられます。それでも返済が滞るローンが拡大の一途をたどれば、貸し倒れ引当金では処理できなくなり、金融機関の経営破綻が表面化する事態も想定されるのです。

中国政策当局は不動産バブル抑制のための規制強化が金融不安の引き金を引いてしまう恐れを考慮し、政策修正に追い込まれました。中国人民銀行は2022年に入って融資規制を〝緩和〟し、また住宅ローン金利引き下げにつながる利下げを実施しています。

しかしながら不動産市場の落ち込みは継続中です。日本では、巨大企業の経営破綻が生じる場合でも現実に破綻が表面化するまで政府が事前に経営内部に手を差し伸べることは難しい。市場原理に〝委ねる〟との基本的立場が重視されるためです。したがって大規模な経営破綻が生じると、それが引き金となって連鎖的に破綻が広がるという金融不安の連鎖が発生しやすいのです。

これに対して中国の場合は、政策当局が経営危機に直面する企業に対し、事前に何らかの対応策を取る余地は大きいと思われます。負債規模が40兆円にも達する恒大グループのような巨大企業がある日突然に経営破綻に直面し、債務不履行が生じれば、その影響は図りしれません。こうした問題に対し事前に政策当局が手を入れ、大規模破綻の表面化を避けるという手法が取られるのでしょう。

この意味で西側諸国の金融問題と中国における金融問題は、問題処理の方法に重要な相違が

## 上海総合指数（2012年11月〜2022年11月）

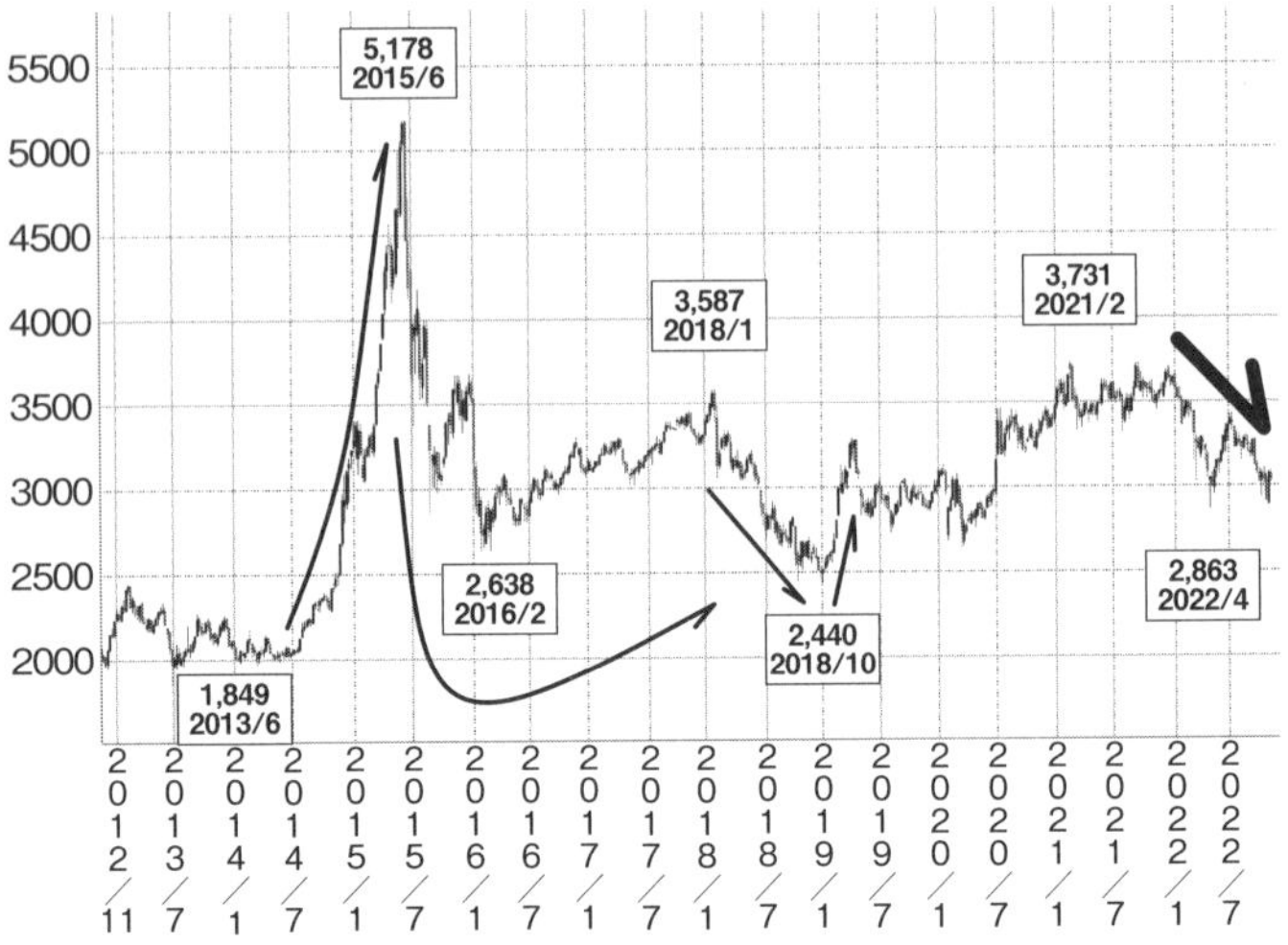


## 中国製造業PMI（2012年10月〜2022年10月）

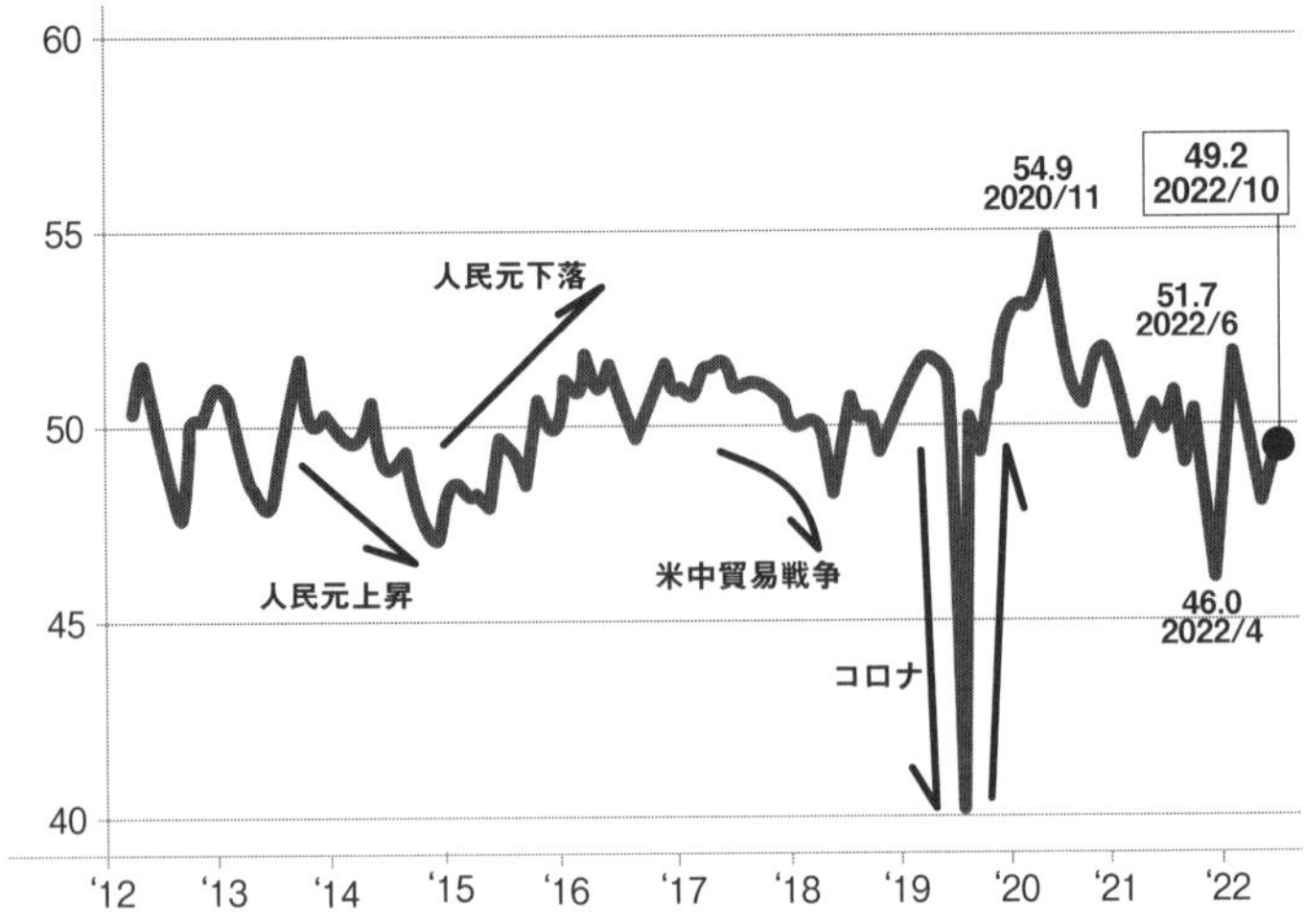

あります。それでも巨大な不動産金融バブルが崩壊し、その損失金額が膨らんでくれば、金融機関の連鎖的な経営破綻に問題が波及するリスクはゼロとは言えません。

もう1つこの中国で、重要な経済悪化要因と考えられているのが「ゼロコロナ政策」です。2020年に武漢で問題が広がった当初から、中国政府はコロナの全面撲滅を基本に置く「ゼロコロナ政策」を敢行してきました。

上海市では大規模なロックダウン措置が取られ、上海経済に強い下方圧力がかかったことも指摘されてきました。中国共産党大会で上海市党書記であった李強氏が新たに政治局常務委員に登用され、2023年3月の全人代では李克強氏を継いで首相に就任することが有力視されています。その一方で、彼が実行したゼロコロナ政策、上海ロックダウン措置が上海経済に混乱を与えたために政治局常務委員への昇格は見送られるのではないかとの見方も強かったのです。しかし習近平氏はロックダウン主導者である李強氏をチャイナセブンに取り立てました。

2022年10月に第20回共産党大会が開催されましたが、この共産党大会に向けてゼロコロナ政策は維持されてきました。しかしコロナの弱毒化が進展していることを踏まえ、中国政府がウィズコロナ政策対応へ基本を変更する可能性も指摘されているところです。

共産党大会を終え、第3期目に移行した習近平総書記の立場からすれば、今後は経済の浮揚、景気拡大に取り組むことが重要になります。彼は「先富論」から「共同富裕」へ舵を切り、格差の是正、国家による最低保障拡充に軸足を移しています。しかしながら人々に分配する所得水準を引き上げるには、全体のパイの拡大が必要不可欠なのです。この意味で、今後は格差縮小と同時に経済全体のパイの拡大、成長戦略の双方を重視せざるを得ないことになるでしょう。

足元では不動産バブル崩壊の余波が持続しています。この危機を乗り切り、経済をソフトランディングさせるためには、経済成長を持続させるとともに、不動産市場の軟着陸をも図っていかねばならないのです。

## 新自由主義と共同富裕

筆者は、何度か申し上げた通り資本主義と民主主義を〝対立〟する概念であると捉えています。自由主義と資本主義は同義です。経済運営を自由に委ねれば、強い者がより強くなり、弱い者がより弱くなります。弱肉強食が際限なく進む。これが資本主義のメカニズムであり、自由主義がもたらす世界が資本主義の世の中なのです。

自由主義、資本主義がもたらす弊害を解決する手法として、民主主義が存在する。民主主義は、多数の者の意思が優先される仕組みです。

自由主義、資本主義が進み、1パーセントの強者が99パーセントの弱者を支配する世界が成立する。この時、99パーセントの人々が連帯し、1パーセント勢力に対抗すれば、状況を変えることができる。強欲な資本主義を、共生を重視する民主主義によって〝是正〟する。この意味で資本主義と民主主義は対立する概念であると考えるわけです。

世界経済が直面する最大の経済問題は、格差拡大です。弱き者の生存権さえ奪ってしまう社会。これが現代資本主義社会の究極の姿なのです。この資本主義の行き過ぎにブレーキをかけるために、民主主義の力が活用されなければなりません。1パーセントの強者が99パーセントの弱者を支配する状況を打破し、99パーセントの人々の利益と幸福が確保される経済運営システムを構築することが求められているのです。

中国における先富論と共同富裕は、この対立と通じるものがあります。鄧小平以来の改革開放政策は、中国経済の発展を促してきました。しかしながら、その代償として巨大な格差が生まれ、同時に政治腐敗も広がってきたのです。

習近平氏は、格差拡大を推進し、政治腐敗をもたらしてきた鄧小平政治に終止符を打ち、中国経済運営を先富論から共同富裕に〝回帰〟させようとしているわけです。

このことは先に述べた文脈で言えば、強欲資本主義を修正するために共生民主主義を活用するものであると言えます。中国では政治的な自由が十分に認められておらず、このことをもって全体主義、独裁主義、権威主義とのネガティブなレッテルが貼られます。ところが日本や米国などの建前上の自由と民主主義の国において、本当の意味で民主主義的決定が確保されているのかどうか、疑問を差し挟む余地は大きい。見かけは民主主義の装いをまとっていても、内実は1パーセントの強者が1パーセントの強者にとって都合の良い仕組みを実現する政治手法が取られているのですから。

1パーセントの勢力が自らの利益を実現するために、超えなければならないハードルは選挙です。選挙というハードルを超えてしまえば、1パーセント勢力が自分に都合の良い仕組みを維持することができます。

その選挙というハードルを超えるために、さまざまな工作活動が展開されています。米国における共和党、民主党の2大政党体制はその1つです。米国大統領に就任するには、民主、共和両党の指名候補に選出されることが必要不可欠です。民主、共和両党の大統領選指名候補に選出されるために必要な条件は、巨大な資金です。巨大な資金を獲得できない限り、両党の指名候補になることはできません。この過程で大統領選の候補者は必ず巨大資本の〝支配下〟に組み入れられる。結局、どの候補が勝利を収めても巨大資本が支配する政治の構造から抜け切ることはできない。

知っての通り日本においては、自民党が1955年以来一貫して、政権与党の座に居座り続けています。1993年と2009年に例外的に自民党が下野する事態が生じた一瞬を除き、政権与党の座に居座り続けています。

現在の選挙制度のもとで自民党、そして連立を組む公明党が支配権を確保するには、選挙における戦術が必要です。衆議院の総選挙、参議院の通常選挙において、全体の勝敗を左右するのは、衆議院小選挙区と参議院1人区です。

自公が候補者を1人に絞り込む一方で対立する野党が2つの陣営に分かれれば、自公候補はほぼ間違いなく勝利を収められます。この結果、主権者全体の25パーセントの票しか得ていない自公が議会において、3分の2議席を確保するという圧倒的優越的地位を確保し続けてきたのです。

表向きは民主主義の制度が取り入れられているものの、実質的には1パーセントの巨大資本の意思を〝反映〟する政治が構築されてしまっています。このことを考えた時に、中国政治を頭ごなしに非難することが適切とは言い切れないのです。

習近平氏は経済政策運営において、先富論という名の「新自由主義的政策運営」を排除し、新たに共同富裕というスローガンを掲げています。共同富裕は毛沢東が掲げた言葉であり、中国建国の原点に立ち帰り、所得と富の分配、国がすべての国民に保証する最低水準の引き上げという共同富裕論を提示しているとと考えられるのです。この思想哲学を中国国民が支持していると言って良いでしょう。

習近平氏が推進してきた政策は、腐敗撲滅と共同富裕政策です。政治の自由が十分に認められていないという制約、条件は存在します。しかし、政治の自由が制限されるという制約状態が存在したのは、これまでも同じでした。そのなかで経済政策運営においては鄧小平時代以来、改革開放イコール先富論という新自由主義経済政策が推進されてきました。これを修正する方針を明示しているのが習近平総書記なのです。

そして、この基本路線に対する中国人民の支持は、基本的に「厚い」と考えられる点が重要です。2022年11月になってゼロコロナ政策への反発から習近平総書記退陣を求める市民デモの発生が報じられましたが、ウクライナや香港同様に米国関係機関の水面下での工作が背後に存在することも推察されます。日本において岸田文雄氏は首相就任当初、「分配問題の重要性」を唱えました。この分配問題の重要性こそ、言葉を換えれば「共同富裕論」なのです。日本において、いま採用するべき経済政策路線は共同富裕論であるといって過言でないでしょう。

# 第5章

# 千載一遇 金融市場の極意

## 波乱こそ利益の源泉

２０２２年末から23年にかけて、不安材料は山積しています。ウクライナ戦乱は長期化の様相を示し、〝部分的核兵器使用〟を含む拡大を示すことも警戒されています。

コロナは変異が進行するにつれて弱毒化の様相を強めていますが、日本政府がコロナの指定区分を依然として第２類相当に維持しています。このため今後、新規陽性者数が拡大したときに、再び医療崩壊等の混乱が生じることが警戒されているのです。また中期的には新型コロナウイルスに並ぶ、新しいウイルスが登場することも想定されます。新型コロナウイルス自体が〝人為的創作物〟であるとの疑いも払拭し切れていません。

米国の金融引き締め政策が推進されています。２０２２年には０・75パーセント幅の利上げが４回の連続するＦＯＭＣで決定されました。いずれインフレ圧力が後退し、利上げに終止符が打たれますが、早い段階でその思惑が広がり株価急反発を招けば、その反発が景気を拡大させる原動力となることも想定されます。

しかしながらＦＲＢとしてはインフレ圧力を十分に低下させるために、経済そのものの〝減速〟が必要であると判断していると見られます。経済減速を確実に実現させるためには、株価の早期急反発は都合が悪いのです。株価下落誘導の色彩をも含めて、金融引き締め政策が当面採用される公算が高まっているといえます。

そして中国においては、不動産金融市場のバブル崩壊とゼロコロナ政策による経済停滞が重なり、経済的な苦境に差し掛かっているところです。中国で不動産、金融バブル崩壊が大型企業倒産の連鎖を生み出すならば、その影響が経済全体に及ぶ可能性が高くなります。したがって中国発の世界同時不況というシナリオも否定し切れないのです。

このように世界ではウクライナ、コロナ、米金融引き締め、中国バブル崩壊などの懸念材料が山積しています。こうした状況を受けてニューヨークダウは2022年1月にピークを形成し、調整過程に移行していると言っていいでしょう。

この調整が2000年から02年型のマイルドなもので終わるのか、それとも2007年から09年にかけてのやや激しいものに発展するのか。あるいは1920年代から30年代にかけての世界大恐慌型の株価大暴落に発展するのか、事前に断定することはできません。

過去30年間のニューヨーク株価の推移を見ると、株価下落が大幅に進行するのは、経済全体が悪化する局面でした。この局面で政策金利FFレートは引き下げられています。しかも金利引き上げの時点ではなく、その後に来る金利引き下げの局面で株価下落が際立っている傾向が存在することを確認しておかねばなりません。

**日経平均株価**（2012年11月～2022年11月）

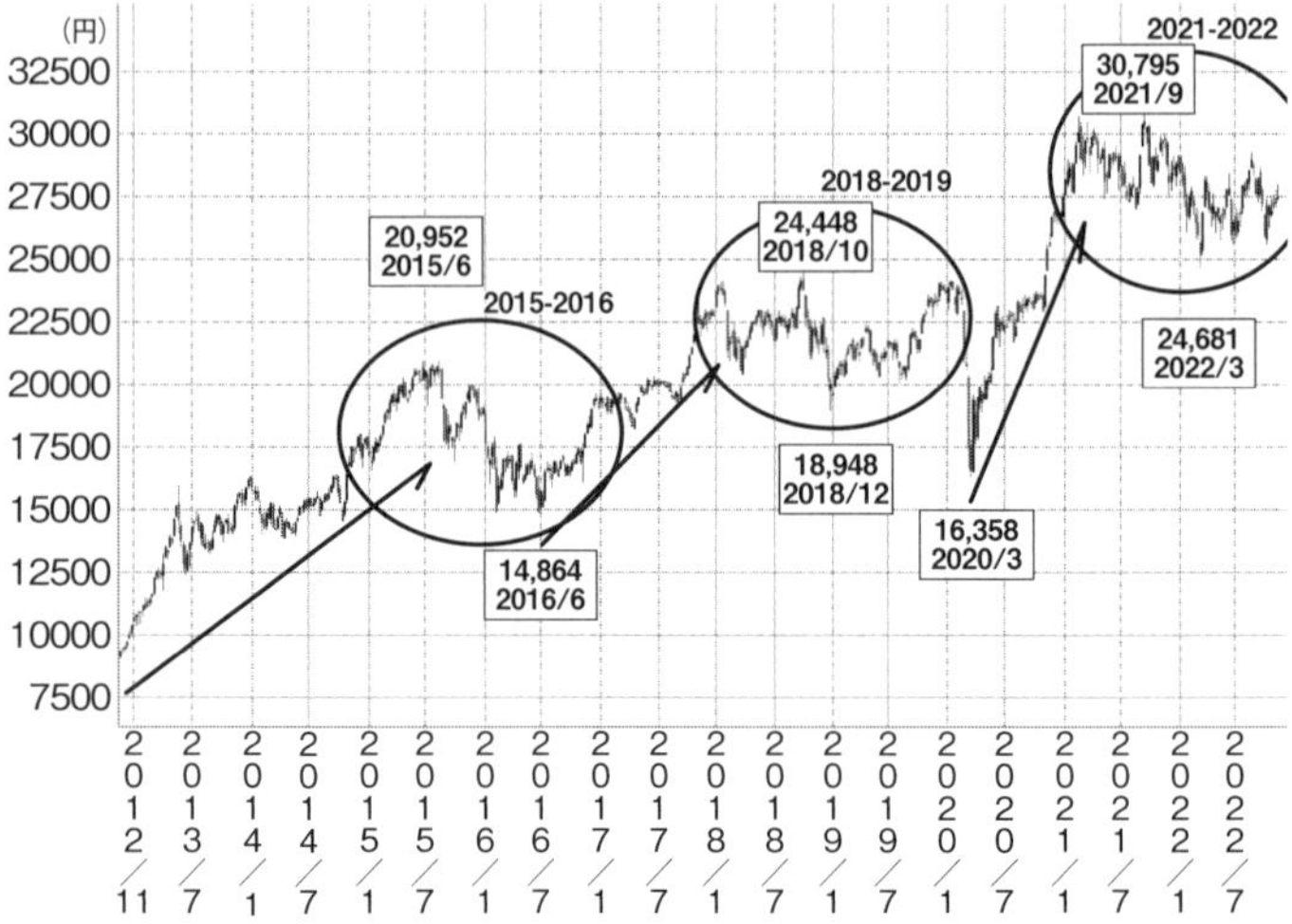


この意味で２０２３年にかけて波乱含みの展開であると言うべきでしょう。しかし、その波乱こそ利益の源泉につながる点を忘れてはいけません。
株価暴落、円暴落は株式や日本円を〝最安値〟で購入するチャンスを提供するのです。「人の行く裏に道あり花の山」という相場格言の通り、波乱拡大のなかにこそ大きなチャンスが潜んでいます。戦乱、米国金融引き締め、疫病、中国バブル崩壊という波乱が３つも４つも重なっているこの大波乱こそ、**〝千載一遇〟**のチャンスになり得るのです。株価が暴落するとは、株式を購入するチャンスが提供されることです。為替が暴落することは、為替を安価で購入するチャンスが提供されることになります。この点を踏まえておくこと

が必要です。

「金利・為替・株価特報」では２０２１～22年の株価変動が15～16年、18～19年の株価変動と類似したものになるとの見立てを示してきました。前ページのチャートの**「3本の矢」**に注目いただきたいと思います。一番左は13年から15年の株価急騰、２番目が16年央から17年、３番目が20年3月から21年にかけての急騰を示します。丸で囲んだもみ合い相場終盤から急騰局面が始動しています。16年型の上昇か20年型のいったん急落後の上昇かを即断できませんが、日経平均株価が23年に３万６０００円を突破する可能性を視野に入れる必要があると考えています。

為替については、これまで大幅円安に振れた状況下で外貨での資金運用が巨大な利益をもたらしてきました。しかしながら、こうした相場変動が永遠に続くと考えるべきではありません。日本円の下落は、「行き過ぎのゾーン」に突入しています。その際に、相場の天井を特定することはできない。しかし相場の天井圏にあるとの判断は可能なのです。

外貨資産を売却するタイミングであるならば同時に、円資産を購入するチャンスと言うこともできるわけです。この「逆張りの発想」が投資でリターンを獲得するための焦点になります。

## 日本円大暴落

日本円は大暴落しました。見掛け上の為替レートは1ドル150円までの円安ですが、内外の物価上昇率に差があります。この物価上昇を加味した「実質為替レート」で見れば、日本円は実に52年ぶりの円安水準にあるのです。1ドル360円時代の日本よりも、さらに円安の水準に突入しているのです。

円安は円の購買力減少を意味します。日本銀行法は「物価安定を通じて国民経済の健全な発展に資すること」を理念としているのに、現状はこれに明らかに反するものです。

円安は外貨のインフレであるともいえます。1ドル100円で購入できたドルが1ドル150円に値上がりすると、50パーセントのインフレなのです。日本円のグローバルスタンダードでの価値が暴落している、つまり日本国民の保有資産のドル換算額が暴落しているのです。日本の労働者の受け取る賃金のドル評価額が暴落しているわけです。

日本円暴落により海外投資家から見れば、日本の各種資産が〝超バーゲンセール〟の状態に置かれています。日本が乗っ取られることを助長する円暴落放置です。経済的安全保障の観点からも、こうした放置は是認されないことです。

ところで適正な為替レートの水準は、どこにあるのでしょうか。この問題を考える1つのヒントが「ビッグマック指数」です。各国で売られるマクドナルドのビッグマックを同じお金で買える為替レートを考察するのです。

ビッグマックは日本で1個390円、米国では5ドル80セントします。1ドル150円でドルを円に交換すると、日本のビッグマック1個を買うために必要なドル資金が2・6ドルになります。米国では5・8ドルするビッグマックが、日本では2・6ドルで買えるのです。

日本人が米国のビッグマックを1つ買うには、870円必要です。870円を1ドル150円で、ドルに換えれば5・8ドルになる。日本なら390円で買えるビックマックが、米国では870円になる。仮に為替レートが1ドル67円であれば、390円の円資金をドルに換えて、米国でビッグマック1個を購入できるのです。

つまり購買力を等しくする為替レートは、1ドル67円ということになります。現実の1ドル150円は著しく円安に振れているわけです。

為替レートには、中期的に購買力平価に戻ろうとする〝復元力〟が働きます。この意味で日本円はいまが買い時、外貨はいまが売り時ということになるのです。

## 黒田日銀の罪状

日本銀行は物価安定に責任を持つべき存在です。ところが黒田日銀は外国通貨という日本円の外貨に対する価値の暴落、つまり外貨の激しいインフレを放置しています。

物価安定はすなわち通貨価値の安定維持であり、円暴落は通貨価値の暴落そのものなのです。日本銀行が円安を回避するためには、金利引き上げが必要です。ドル高ユーロ高が発生している基本背景はFRBやECB（欧州中央銀行）の金利引き上げ政策にあります。

米欧が金利引き上げ政策を実行し、通貨高をもたらしているときに、日本銀行だけが金融緩和政策にしがみついていれば、為替レートは円安方向に振れるのは当然のことなのです。その円暴落を黒田日銀が誘導している。通貨価値の維持に責任を持つ日銀は金融政策を修正し、円安に歯止めをかける必要があります。日本円防衛策を提示することが求められるのです。

円安進行に際して政府がドル売り介入を実行しました。この為替介入の実効性を引き上げるためには、これと非整合的な金融政策を是正することが必要です。円高誘導のための金融政策とは、〝金利引き上げ策〟に他なりません。

黒田総裁は「金利を引き上げれば景気にマイナスの影響が出る」と主張しますが、影響が存

**日本10年国債利回り**（2012年11月～2022年11月）

**東証REIT指数**（2012年11月～2022年11月）

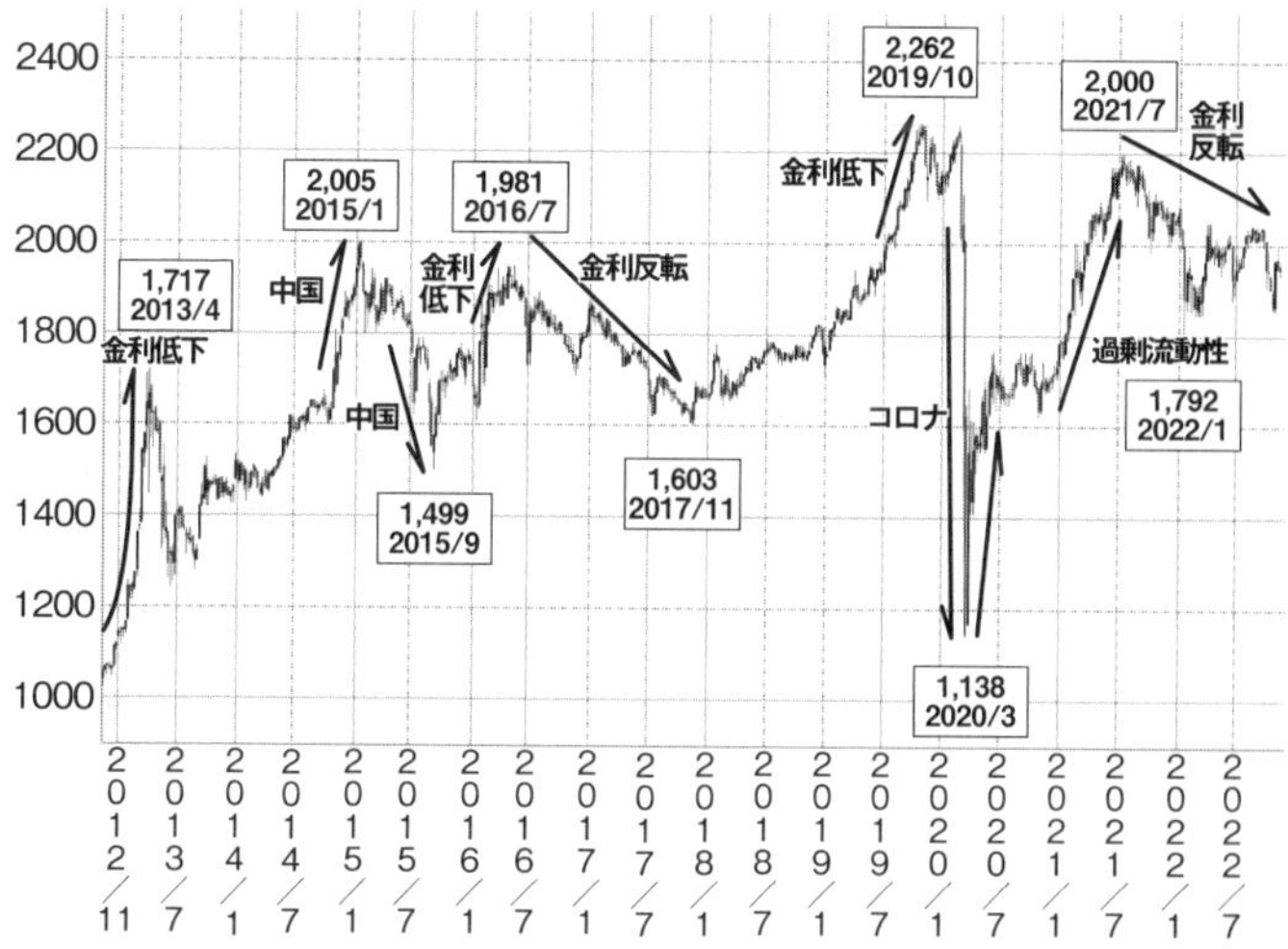

在するなら、財政政策で対応すればよいのです。金融を引き締め、財政を緩和するのです。これが適正なポリシーミックスにもかかわらず超低金利政策を維持し、円安誘導を実行しています。

「低金利と高金利」「円安と円高」は当然非対称の効果をもたらします。低金利で利益を得るのは、債務者です。借金をする人にとって低金利はありがたい。逆に低金利で損失を被るのは預金者です。金利が高ければ得られるはずの金利収入が消滅するからです。日本では超低金利政策が長期化しているため、「預金には金利がつかないもの」との感覚が広がっていますが、本来は違います。

かつての高金利時代には、金利収入が重要な所得項目の1つに掲げられていました。金利が高くなれば預金者の利得は拡大し、債務者、借金をする者の利益は減少する。円安が進行すれば輸出製造業は潤っても、食料とエネルギーを輸入に頼る家計は負担が増大します。超低金利と円安誘導政策は、借金を抱える輸出製造業に利益を供与する施策です。同時に、この施策は預金者の利子所得を奪い、生活者に高負担をもたらします。

あらゆる施策は、光と影の部分をあわせ持つものです。ある経済主体にとってのプラスが別の経済主体にとってのマイナスに作用する。この意味で黒田日銀の超低金利政策維持、円安誘導は所得分配上の大きな歪みをもたらしています。

日銀の黒田東彦総裁は、2023年4月に任期満了を迎えます。この任期満了まで自説を守り抜こうとの姿勢が鮮明です。超低金利政策維持、円安放置の政策です。円は暴落したものの、米国の金融引き締め政策がピークアウトすれば、ドルは自律的に〝反落〟します。ここまで現在の政策スタンスで持ち堪えようとしている姿が見てとれます。

この政策スタンスは正しくありません。日銀は早期に政策を修正し、円安に歯止めをかけるべきでした。しかし現在のスタンスを見る限り、2023年4月まで現状を押し通そうとの方針は明確です。いずれにせよ為替レートが重要な転換点に差しかかっているのは見落とせません。

ドルが暴騰している現時点で日本政府は保有する1兆ドルの米国国債を〝全額売却〟するべきです。日本政府保有の米国国債1兆ドルを売却することにより、40兆円程度の為替益を実現することができます。ドルが上昇し、為替の含み益が発生していると騒いでも、実際にドル資産を売却して確定しない限りは〝砂上の楼閣〟に過ぎないのですから。いずれ円高に振れた際に「あの時は含み益が40兆円もあった」と話しても、何の価値も持ちません。

黒田日銀は2013年の発足当初、2年以内に物価上昇率を2パーセント以上に引き上げると公約したのに、実現できませんでした。結果、その実現に9年の時間を要したことになります。しかも、その物価上昇は日本円の暴落およびエネルギー価格の暴騰によってもたらされたものでした。インフレ率が3パーセントを超えれば、庶民の損失は拡大する。このインフレを放置することも正当でないことは、みなさんご存じの通りです。

日銀の政策運営の正当性そのものが失われていることは、極めて深刻な問題なのです。

## ウクライナ戦乱と欧州

ウクライナ戦乱が発生し、米国はこの拡大と長期化を誘導してきました。米国の軍産複合体にとり、戦乱発生はまさに悲願の対象でした。戦乱の早期収束の可能性が存在したにもかかわらず断固阻止したのは米国でした。ウクライナとロシアとの間で早期に停戦が協議されたのに、米国が徹底して封殺したのです。

米国が望むのは、戦費の拡大とロシア・プーチン体制の殲滅です。米国の軍産複合体は10年に1度の中規模戦乱の発生を必要不可欠としていますが、これがようやく〝実現〟したのです。この戦乱を早期収束させてはならないのです。

米国は無制限、無尽蔵に武器を供与し、ウクライナの戦争を後方支援しています。戦乱がエスカレーションすれば、部分的な核兵器使用、原発攻撃、生物化学兵器使用などのリスクが拡大するものの、そのリスクを顧みずに米国は戦乱拡大に血道を上げてきました。

2022年も年末に差しかかり、ウクライナは冬季に移行していきます。欧州諸国およびウクライナにおいて、最重要のライフラインは〝エネルギー確保〟です。冬季の暖房を確保するための資源が生存のために必要不可欠なのです。ロシアはこの事情に焦点を当て、ウクライナの暖房確保に支障を与える作戦を展開しています。

民間人への攻撃、ライフラインへの攻撃等は、ジュネーブ条約により戦争犯罪とされます。しかし第2次大戦での日本における空襲や広島、長崎への原爆投下が鮮明に示すように、戦争に関するルールは**あってなきがごとし**です。日本に大空襲を遂行した米軍幹部が「米国が勝利しなければ戦争犯罪として問われる」と言及した通り、勝利した側の戦争犯罪は問われないのです。ロシアによる軍事行動が戦争犯罪であると西側メディアは非難しますが、ウクライナによるクリミア大橋破壊も重要なライフラインの破壊行為であり、同様に戦争犯罪なのです。

このような状況下にある欧州では、現在インフレ率高騰が最大の経済問題と化しています。欧州中央銀行は2022年に入り、3度の利上げを実行しました。2度目と3度目は、いずれも0・75パーセント幅での利上げでした。インフレ率がほぼ10パーセントという水準にまで跳ね上がり、強い金融引き締め政策が求められているのです。欧州各国では、激しいインフレとエネルギーの枯渇が最大問題になっています。

さらに英国がロシアからの天然ガス供給のためのパイプラインであるノルドストリームを破

## EUの消費者物価上昇率（前年同月比、1997年～2022年）

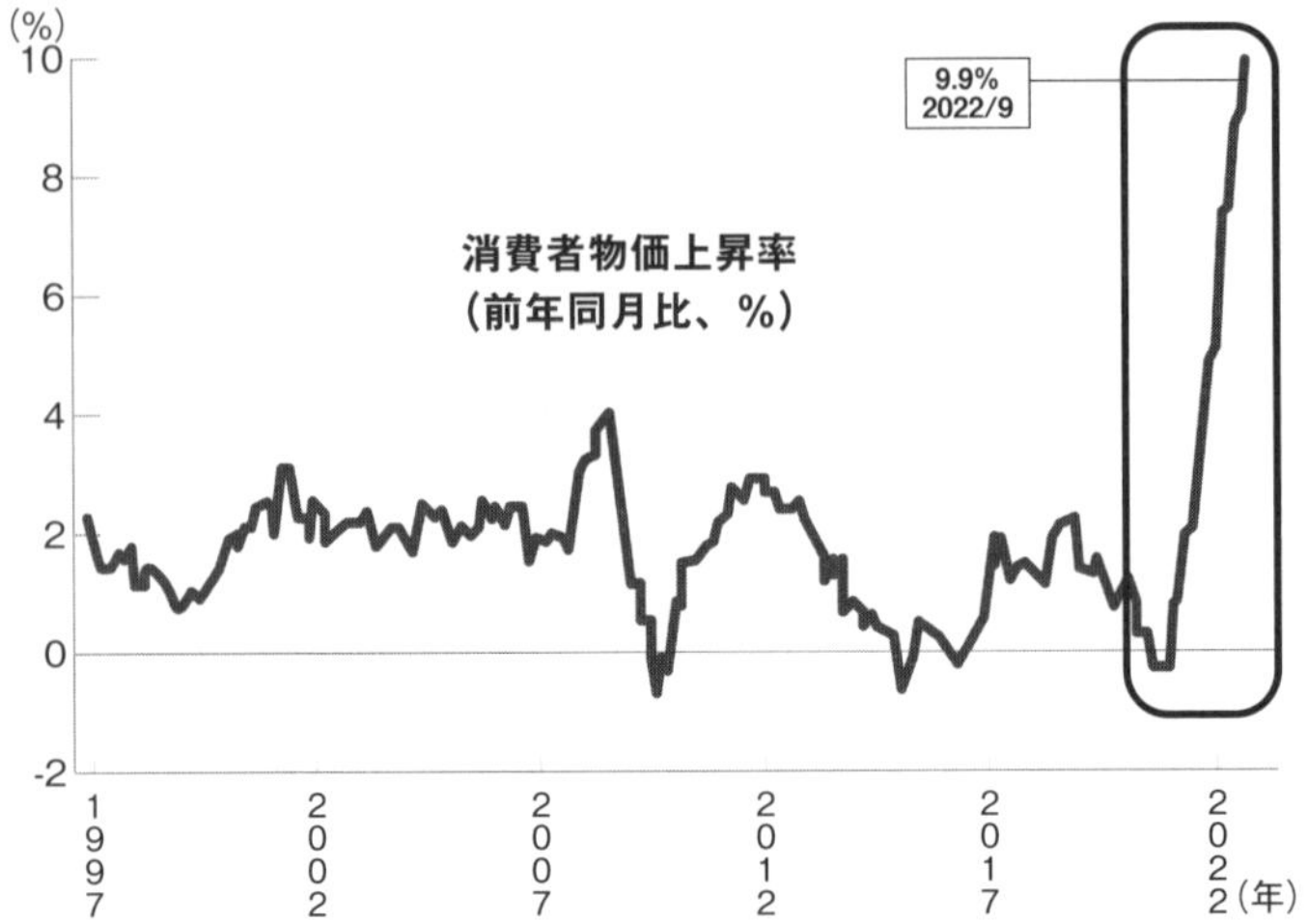


## ECB政策金利（1999年～2022年）

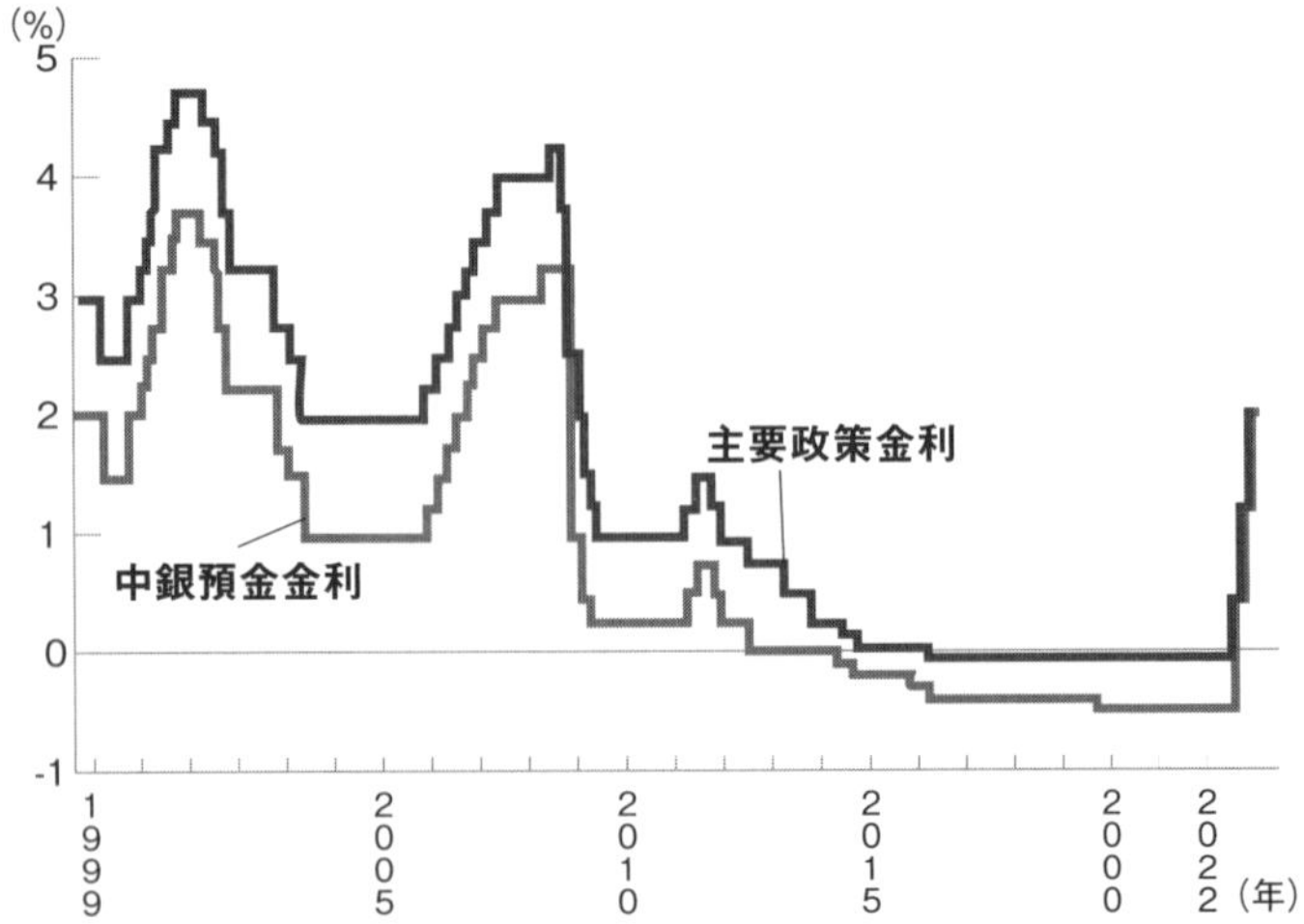

壊したと見られます。このことによりロシアからのエネルギー供給が大幅に減少する見通しです。ロシア産エネルギーに代替する米国産エネルギーの販売拡大につながるため、米国は歓迎していますが、欧州では割高なエネルギーを押しつけられることに反発が強まっています。

また米国においても、ウクライナに対する無制限、無尽蔵の武器供与に対して見直すべきとの主張が共和党支持者を中心に拡大しています。米国軍産複合体およびエネルギー産業の利益拡大のためのウクライナ戦乱という図式を、一部の米国民が〝認識〟し始めているのです。

欧州諸国においても、ウクライナ戦乱の拡大が欧州市民にとっての不利益の増大につながるという現実を直視し始めています。欧州でもインフレ率上昇に伴い、実質可処分所得が減少し、これが景気を著しく悪化させる主因になっているからです。為替レートにおいては、日本円が米ドルだけではなく、ユーロに対しても大幅下落の流れを変えていないのです。ユーロは米ドルに対し、長期的に下落するトレンドを描いています。1ユーロが1ドルを割り込む、ユーロ安ドル高が発生しているのです。

こうしたなかで筆者は資産運用のリスク分散として、多通貨での資金運用をこれまで提唱してきました。その際に、通貨上昇と通貨安定性の両面を備える優良資産として、**スイスフラン**を推奨してきました。このスイスフランが円安進行の下で大幅上昇したのです。2019年10月に1スイスフラン106円だったものが、2022年9月には1スイスフラン150円へ上

## ユーロドル（2012年11月〜2022年11月）

## ユーロ円（2012年11月〜2022年11月）

**スイスフラン円**（2012年11月～2022年11月）

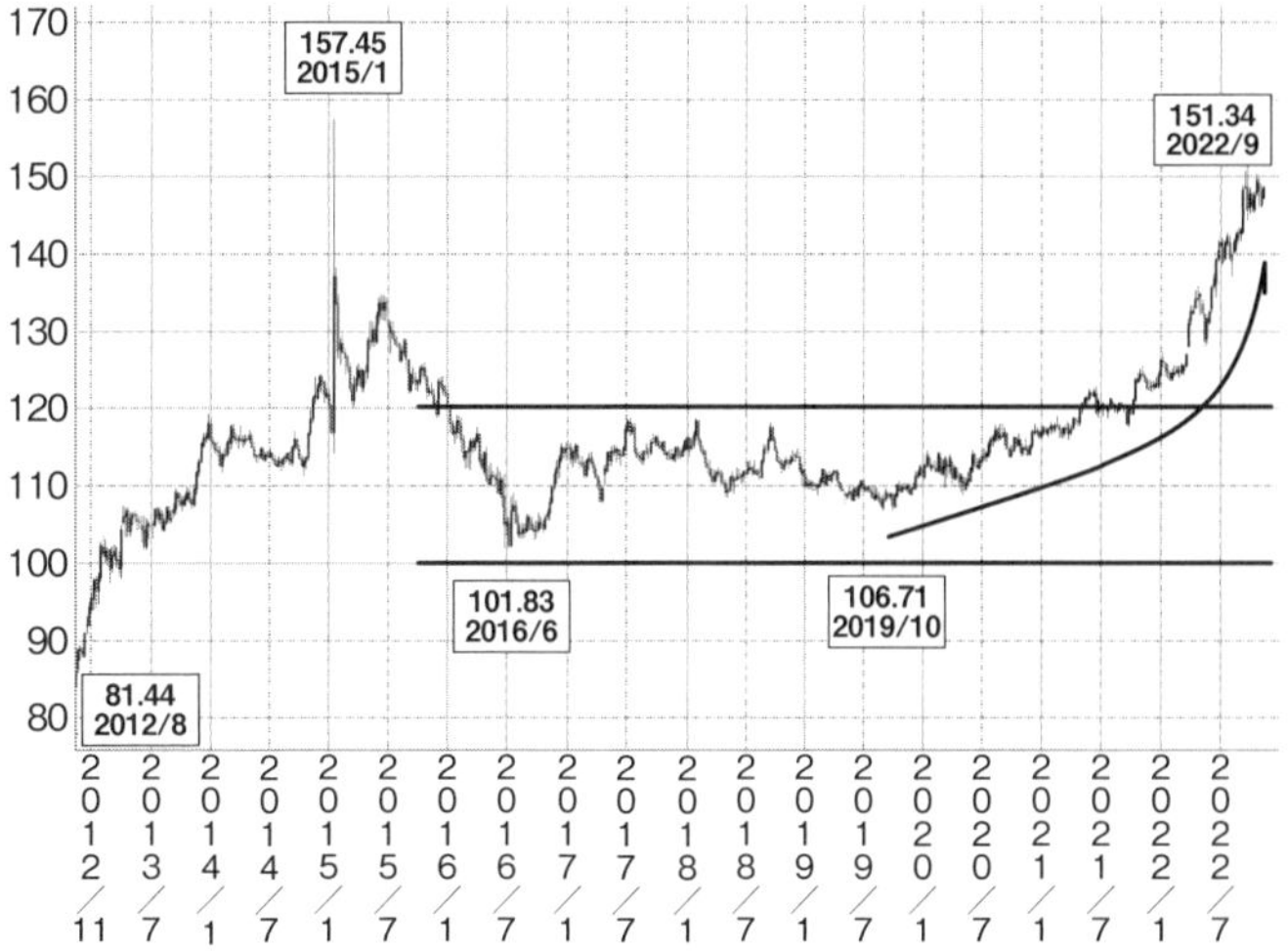


昇したのです。通貨の安定性を備え、かつ通貨上昇を期待できるスイスフランの優良性が改めて証明されました。これまでスイスフランに資金を分散投資してきた投資家は、大きな利益を獲得できたはずです。
しかしながら日本円が対米ドルで150円という円安水準に移行した現在を起点とする外貨投資には、慎重であるべきだと筆者は判断しています。外貨上昇はなお持続する可能性はあっても、一種のアヤであって中長期で永続するものと考えにくいからです。
むしろ外貨資産はレートが大幅上昇した局面で売り抜けるのが好適です。逆に言えば、日本円は中期的に円高に回帰する〝序盤〟に差し掛かりつつあると判断できるのです。
中期循環を見据えた投資戦術としては、こ

の「逆張り」発想が極めて重要になります。

## 金・原油・鉱物資源

中長期の投資対象として、金地金は優良です。金は多面的な要素を併せ持ちます。インフレが進行する際、金はインフレヘッジの機能を発揮します。インフレが進行すれば、それに連動して金価格は上昇するのです。

他方、金融政策と金価格の変化にも注意が必要です。米国長期金利が上昇する局面で、金価格は下落しやすいからです。逆に米国長期金利が低下する局面で、金価格は上昇しやすい。これらはいずれも、〝ドル表示〟の金価格についての見立てです。

日本円から投資を行う場合には、ここに**為替レート変動**を加味しなければなりません。ドル高に振れれば、金の円表示価格は上昇します。円高に振れれば、金の円表示額は減少する。米国長期金利が上昇する際、ドル建ての金価格は下がりやすいのです。

しかし、この局面では米ドルが上昇しやすいため、ドル表示の金価格下落をドル高がカバーします。米国長期金利が低下する際、ドル表示の金価格は上昇しやすいものの、この局面では為替レートが円高に振れやすい。したがって円表示額は目減りしてしまうのです。

## 米国10年国債利回り（2012年11月〜2022年11月）

## 金先物（2012年11月〜2022年11月）

最近のようにドル表示金価格が高水準で推移しているなかで米ドルが上昇する局面では、金価格の円表示金額は上昇します。円安の局面なら、日本円からの金投資は〝有利〟なのです。

２０２３年にかけて為替レートが円高にトレンド転換するとした場合、円表示の金価格は下落しやすいということになります。ただし、この局面では米国長期金利の低下も想定されるため、ドル表示の金価格は上昇しやすい。差し引いて両者が 相殺し合う、綱引きの関係になるわけです。よって２０２３年は、米国長期金利変動に伴うドル表示金価格の変化とドル円レート変動の双方を注視しながら、きめ細かい売買戦略を構築することが必要になります。円安が一本調子で進む局面では、金投資が圧倒的に有利な投資対象になるのですが、この環境は２０２３年には持続しない可能性が高いことを念頭に置くべきでしょう。

原油価格はウクライナ戦乱発生により、高値を記録しました。２０２２年3月にＷＴＩは１バレル１３０ドルの高値をつけた後は、やや下落傾向を示しています。同年9月には１バレル80ドルまで下落しています。この状況下で産油国は原油生産量の削減に踏み出している。つまり市場動向を放置すれば、原油価格が下落する恐れが強まっているのです。

米国の金融引き締め政策は、インフレ率がはっきりと低下傾向を示すまで継続される可能性が高くあります。その政策に軌道修正が期待されるものの、早期に政策修正を匂わせてしまうと、そのことでとりわけ株式市場が活気づく可能性があります。株価が急騰して経済を〝刺

**WTI**（2012年11月～2022年11月）

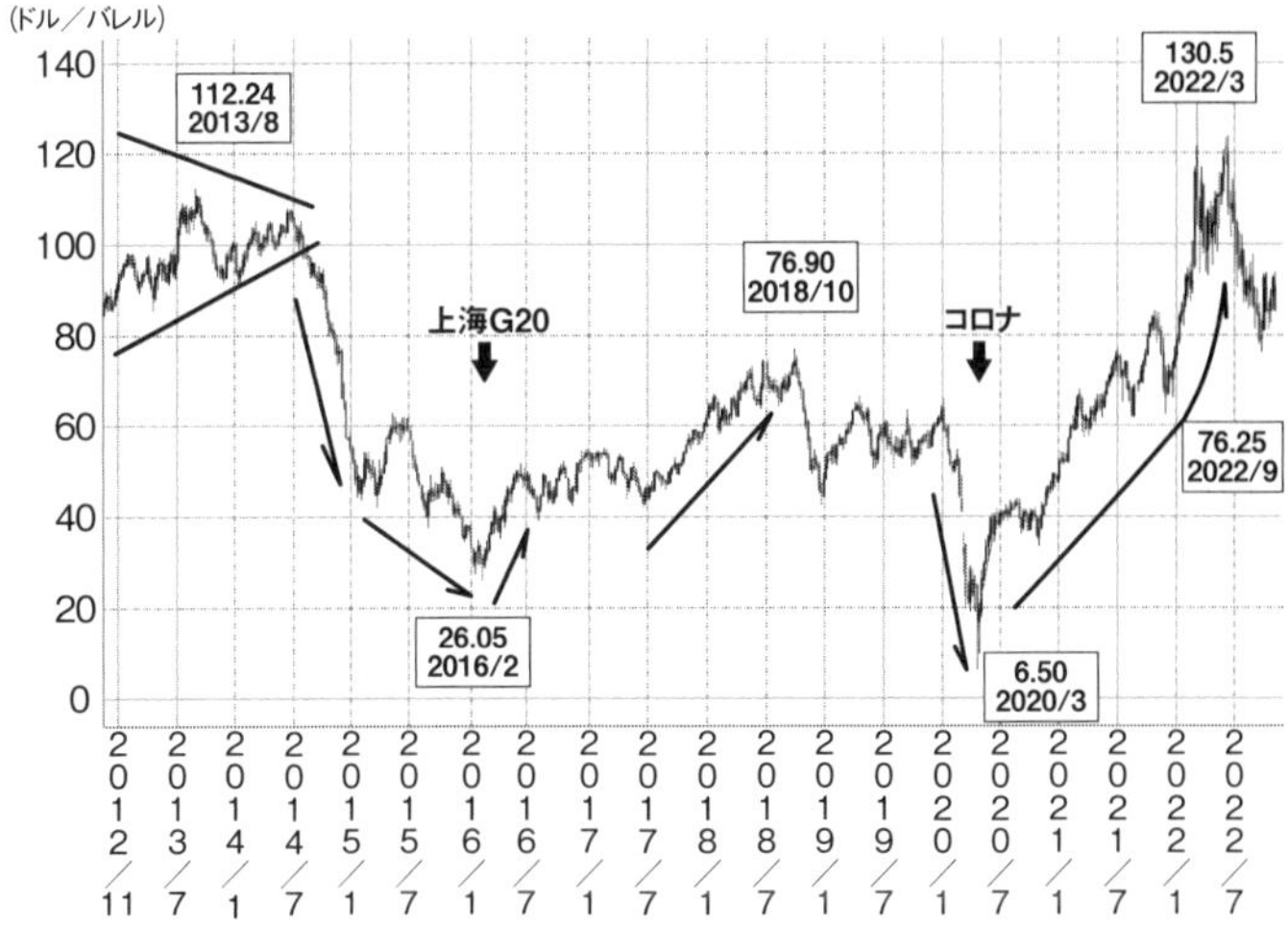


**銅先物**（2012年11月～2022年11月）

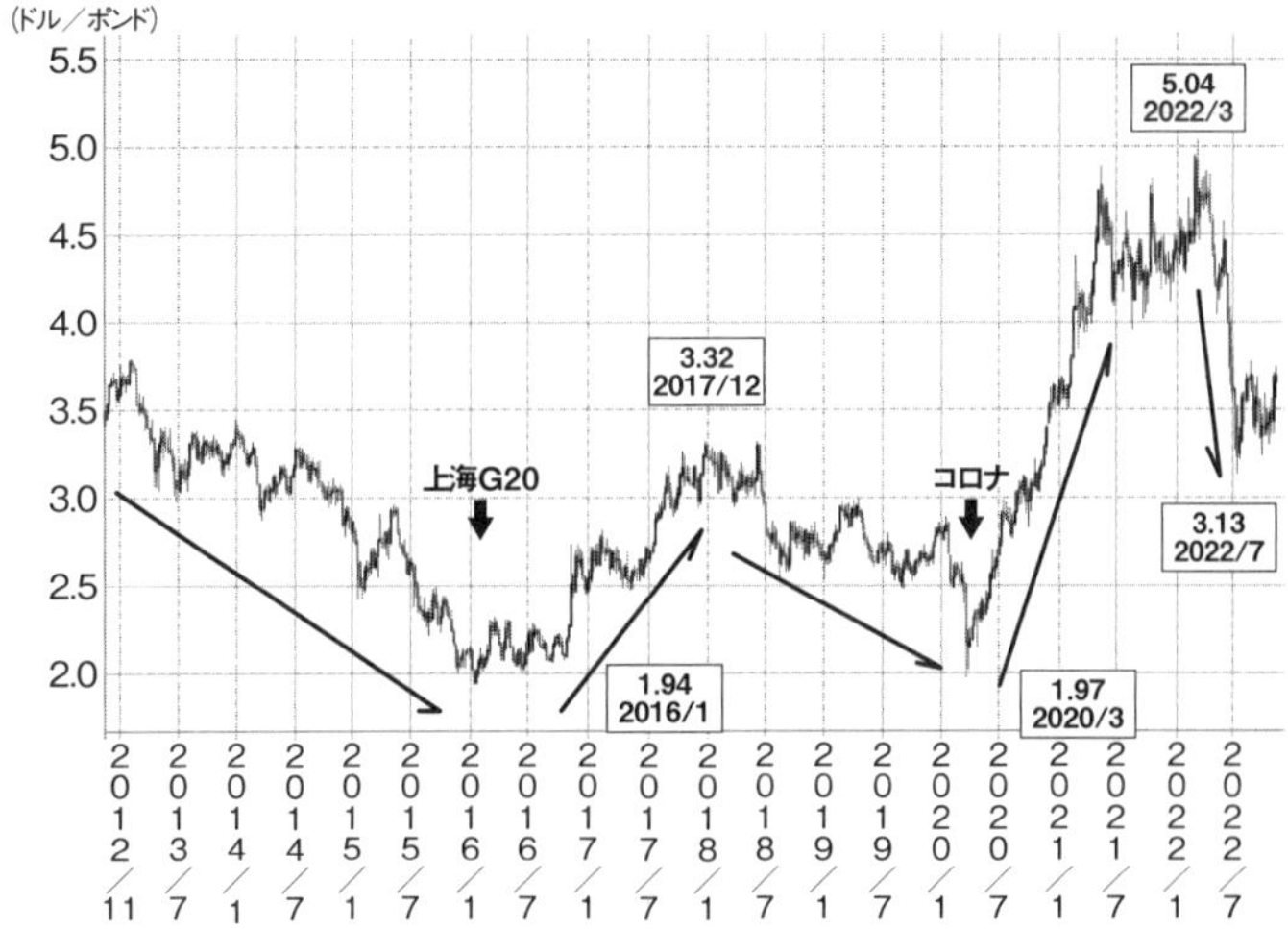

激〟してしまう影響を考慮せざるを得ないのです。

金融市場では、FOMCで金利引き上げが行われた後の記者会見等を通じて金融政策の軌道修正の可能性を読み取ろうとします。その度に株価が上昇圧力を受けることが、インフレの早期収束という目標を〝損ねて〟しまう点に配慮が持たれているのです。

したがってFRBの金融引き締めスタンスは、2023年半ば近くまで〝維持〟される可能性が高いのです。この政策により、米国経済および世界経済が下方圧力を受けるのです。世界経済全体の減速、あるいは後退ということが想定されます。

この意味で原油価格は〝下落〟のトレンドに転じる公算が高まっています。まったく同じロジックで、銅先物価格も変動しています。銅は経済活動に連動する側面が強くあり、世界経済の拡大回復過程で上昇、減速過程で下落する傾向を有しています。

コロナパニックの後、銅価格は急激に上昇を見せました。その銅先物価格が2022年3月を起点に下落に転じています。金融引き締め政策強化による世界経済の減速、後退が想定されているると見なすことができるのです。

## 最強・常勝五ヵ条の極意

金融投資には多種多様な手法があります。株式投資に限って言えば、大分すると2つの流儀が存在します。

第1は「バイ&ホールド」、優良銘柄を厳選することです。そして、その優良銘柄の暴落を待つ。あらかじめ選定した優良銘柄が暴落した局面で〝買い〟を実施し、あとは「果報は寝て待て」です。これがバイ&ホールド戦略です。ウォーレン・バフェットが得意とする手法です。この方法を成功させるためには、2つのことが必要となります。第1は、銘柄選択を誤らないこと。長期保有しても、長期的に花を咲かせる銘柄でなければ意味がありません。長期的に枯れて萎み、消滅してしまう花では意味がないのです。第2は、買いのタイミングの選定です。暴落する局面で買い付けるといっても、最安値を選定することは至難の業。またバイ&ホールドで買い付けた後に下落した場合にどこまで持ちこたえるのかという点も問題になります。失敗すれば長期塩漬けになってしまうからです。

これに対し、もう1つの手法は「アクティブ運用」を繰り返すものです。銘柄を選択し、買い付けを行い、利食いが可能な局面で利食いを実行する。この小刻みな利益を積み上げることによって利益を確保するものです。

筆者が推奨している投資手法は、後者です。もちろん優良な手法を用いれば、前者のバイ&ホールドは妙味が大きい。ただし、それを成功させるには、いくつかの条件が必要なのです。適正な銘柄の選択、適切な投資タイミングの選択です。本稿では、後者の小刻みな売買を積み上げて利益を確保する戦術について論じようと思います。

筆者の「TRIレポート年次版」において、「最強・常勝五ヵ条の極意」を記述してきましたが、これを改めて記述しておきましょう。

最強・常勝五ヵ条の極意の第1条は**「損切り」**です。金融投資において最重要の鉄則は大損失を免れることなのです。大損失を免れるためには、早期の損切りが鉄則となります。とはいえ損切りだけを繰り返していては、元手は消滅します。利益を確保しつつ、投資が裏目に出て下落した時には、損切りを行うという意味です。

損切りルールについては、かなり厳格なルールを設定しておくべきです。損失が投資金額の2パーセントないし3パーセントに達した場合は、直ちに損切りを行う。この損切りルールを設定したら確実に実行することです。これを実行している限り、大損失は確実に防ぐことができます。大損失を回避すれば、挽回のチャンスはいくらでも訪れます。しかしひとたび大損失を被れば、事態の修復は極めて困難になります。

最強・常勝五ヵ条の極意の第2条は**「逆張り」**です。厳しい損切りルールを設定して、損切りの繰り返しにならない方策を考えなければなりません。

投資で利益を上げる極意とは、安く買って高く売ることに他ならない。投資に失敗する人の行動パターンは、高くなった時に買い、安くなった時に売るというものです。安くなった時や暴落した時の市場の空気は暗いものです。売り一色になれば、さらに暴落が続くという心理が醸成されます。

株価が活況を呈し上昇に弾みがつく時、さらに上昇が続くという期待感が膨らみます。株価が上昇する局面で買い付けを行ったものの一転して流れが逆転し、下落が進行して売り一色になった時に、ついに耐えきれずに売却するから巨大な損失が確定するわけです。

この失敗の逆を演じることが必要なのです。その極意が「逆張り」となります。売られている時に買う、買われている時に売る。これが鉄則。ただし、この逆張りのタイミングがなお難しい。売られている時に買いを入れても、さらに下落する場合が少なくないからです。

そこで筆者が提示しているのは、**〝逆張りの順張り〟**というものです。基本的な発想は逆張りで、大きく売られている局面で買い付けを行うこと。そのさらに細かいタイミングは下落の途上で買いを入れるのではなく、**下落し切って反発に転じたとみられる初期に買い**を入れることです。つまり相場の流れがすでに転換したとみられる初期に買い付けを行う。とはいえ相場変動には「騙し」がつきものです。大幅に下落し、反発に転じたとみられる局面で買い付けを行った瞬間は株価が上昇しても再び反落し、買値を下回ってしまうこともあります。

このように投資手法に「絶対」は存在しない。重要なことは、逆張り投資であっても下落の途上で最安値を特定することは極めて難しいため、相場が底入れして反発に転じると判断できる局面まで待つことなのです。

この局面で買いを入れる場合、短期的には反発する可能性があります。その場合には、いったん利食いを入れることも推奨されます。利食った後、株価が下落し元の買値を下回れば、再び逆張りの順張りのタイミングを待つのです。

基本的な発想は逆張りでも具体的なタイミング選定においては、逆張りではなく、順張りの手法を〝併用〟するのです。このことによって買い付けを行った直後の損失発生をかなりの程度防げるのです。

最強・常勝五ヵ条の極意の第3条は**「利食い」**になります。

日本政府の保有する米国国債の為替含み益が仮に40兆円あるとしましょう。これを40兆円ある時点で売却しなければ、砂上の楼閣になってしまいます。投資利益は利食いを行って初めて確定するものであるからです。「利食い千人力」という言葉が使われます。

利食いによって短期売買による利益積み上げを図る場合、当初は目標水準を小幅に設定することです。3パーセントないし5パーセントという水準を設定するのです。この水準に到達したら売却を行う。小幅であっても、このようなかたちで利益を積み上げることが重要なのです。利益が積み上がってくれれば、利食い目標値を高く設定することもできるからです。

これは個別銘柄のチャート分析により、どの水準までの上昇を期待できるのかによって、状況はまったく変わります。大幅な値幅上昇が期待できる銘柄では、利食い目標を高く設定することも可能です。しかし、これはある程度利益が積み上がった段階で、その利益の範囲内で〝リスク〟を取るということになります。

当初は目標を低く設定し、その目標値で確実に利食いを実行する。厳格な損切りを実行する。一方で小刻みな利食いを積み重ねることによって、トータルの収支がプラスに転じるのです。

最強・常勝五ヵ条の極意の第4条は**「潮流」**です。

株式投資の手法の1つに先物取引があります。「日経225ミニ」などという先物商品もあります。

先物取引の最大の特徴は、少額の資金で多額の売買が可能であることです。よって投資資金に対する利益と損失の出方が大きくなります。利益機会が大きいとは、取りも直さず損失の機会も大きいということです。

したがって先物取引について安易な姿勢で臨むことは、絶対に回避しなければなりません。

市場の仕組みを熟知し、リスクを確認した上で取引を行わなければならない。ただし先物取引の場合には、損切りルールをあらかじめ売買注文の中に含めることもできます。投資戦術が裏目に出た場合、特定の水準で損切りを行うことをあらかじめ注文の中に含めることができるのです。先物の取引こそ、厳格な損切りルールが必要な投資手法になるのです。

日経平均株価の変動を考えるとき、それを的確に予測するのが「潮流」です。この変動には短期、中期、長期があって、短期と中期の相場変動を的確に予測することが株式投資全体のパフォーマンスに決定的な影響を与えます。

世界経済の情勢、世界のすべてのイベントのチェック、各種経済指標の発表スケジュール、企業決算の発表日程などすべてのことを網羅して総合的に〝分析〟しなければ、相場全体の潮流を読むことはできません。「金利・為替・株価特報＝TRIレポート」の最重要の目的は、この〝潮流判断〟の助けを提供することと優良銘柄情報の提供なのです。

金融投資に必要な3つの鉄則は損切り、逆張り、利食いですが、もう1つ重要なことは水先案内人の〝確保〟です。潮流判断を的確に行うには、水先案内人が不可欠なのです。金利・為替・株価特報＝TRIレポートは、その水先案内人の役割を任ずるものです。短・中期の相場変動を的確に予測する。この点で同レポートのパフォーマンスは極めて高いと自負しています。

最強・常勝五ヵ条の極意の第5条は**「波動」**になります。

第4条の「潮流」は日経平均全体の流れを読む作業でした。これに対し第5条の波動は個別銘柄の波動を分析することです。特定の銘柄に対する投資を行う場合には、この特定銘柄の波動を把握することが重要になります。

筆者は特定優良銘柄を選定し、その特定優良銘柄の投資タイミングを選定することによって、投資を行うことが優良であると判断しています。銘柄範囲を無限に拡大するのではなく、ある程度熟知し得る優良銘柄を厳選し、その変動の〝特性〟を把握したうえで、買いのタイミングと売りのタイミングを算出するのです。

〝波動〟は、個別銘柄ごとに大きく異なります。過去のパターンが将来当てはまる保証は存在しないのですが、変動の特性として過去のパターンを踏襲することも少なくはありません。その意味で相場変動のパターンを把握し、買いと売りのタイミングを選定することが有益になるのです。

## リスク分散とリスクテイク

ある程度まとまった資金を運用する際に、重要な視点はリスク分散になります。

A地点からB地点に卵を10個運ぶのに、1つの籠に入れて1つのルートで運ぶよりも、2つの籠に分けて異なるルートで運ぶほうがリスクは限定されます。1つが落下しても、もう1つは生き残るからです。これがリスク分散の考え方です。

現金、株式、債券、そして外貨資産。さらに金地金、商品。こうした投資先が存在します。為替変動が大きい局面においては、外貨資産での運用を検討することも重要です。

また日本の株式市場では、1990年から、2003年ないし2012年まで長期下落トレンドが継続しました。このような株価長期下落トレンドの局面においては、株式資産での運用は平均的に見て、マイナスのリターンしかもたらしませんでした。

この場合には、預金または債券で運用したほうが得策でした。また近年のように1ドル100円から150円まで外貨が上昇する局面では、保有資産の大半を外貨で運用していれば、大きなリターンを得られることになりました。結果から論じることは容易ですが、事前の投資戦術として、これを組み込むことが重要です。


このリスク分散の考え方と、同列に重要な考え方がリスクテイクです。

リスク分散の特徴は、ABCDの4つの投資対象においてAが下落してもBが上昇し、Cが下落してもDが上昇するというかたちで、プラスマイナスを相殺し合うという点にあります。

したがってリスク分散はあくまでもリスクを減少させる効果だけで、リターンを大きく高めるものではありません。

これに対しリスクテイクは、先述した潮流、波動の分析によって、積極的にリスクを取る戦略です。そのリスクを限定するためには、最強・常勝五ヵ条の極意の第1条「損切り」を確実に執行しなければなりません。利益を積み上げるためには、第3条の「利食い」も確実に執行しなければならない。

異なる投資商品の中で債券が良いのか、株式が良いのか、あるいは金なのか、不動産なのか、外貨資産なのかという選択は潮流、波動分析に依拠するべきでしょう。

2023年にかけて為替市場において、外貨のピークアウト、円安のボトムアウトが想定されるとすれば、投資対象は日本円に〝シフト〟することが望ましいと考える次第です。暴落した日本円を外国資本から見れば、日本の資産市場が大バーゲンセールの状況にあることになります。この状況下で割安に放置されている優良銘柄が仮に存在し、その波動が安値圏内にあるとすれば、その投資対象にリスクテイクすることは〝妥当〟です。

全体のリスクヘッジの機能を持つのは、金地金です。2023年にかけては、円高ドル安が想定され、これは円表示金価格下落効果を持つことになります。しかしながら、米国長期金利が低下に転じれば、ドル表示金価格は上昇する。よって円表示の金価格はある程度の安定が見込まれます。こうした資産をリスク分散対象として保持することは検討に値するでしょう。

リスク分散とリスクテイクの両方が存在することを認識し、自らの意思でどちらの戦術を基軸に置くのかを判定して、投資を実行することが重要なのです。

## 資産倍増100倍増の極意

筆者が推奨する投資手法が目指すリターンは、保有資産のトータル年リターン8パーセントです。短期2倍、3倍、テンバガー（10倍株）を目指すものではありません。巷には短期2倍、3倍、テンバガーを目指す指南書が溢れていますが、そのような幸運があちこちに転がっているわけがないからです。

何しろ金利がゼロパーセントの時代です。トータル年リターン8パーセントを確保することは、容易ならざること。これを確保するための極意が前述した損切り、逆張り、利食い、潮流、波動の5ヵ条です。

8パーセントのリターンを9年続けると、資産は倍増します。『あなたの資産が倍になる』（ビジネス社）で論じた通りです。たかが8パーセントというが、されど8パーセントなのです。さらに言えばこのリターンを30年継続すると、資産は10倍になる。60年継続すれば、資産は100倍増になる。つまり100万円の資金が1億円になるのです。

この意味で8パーセントを**「ゴールデンエイト」**と表現します。しかしながら、このリターンを確保することは容易ではありません。その8パーセントを確保するために、最強・常勝5ヵ条の極意「損切り」「逆張り」「利食い」「潮流」「波動」を総動員する必要があるのです。

重要な手法は、優良銘柄をあらかじめピックアップしておくことです。中長期的に有望な企業、利益安定性のある企業、倒産リスクのない企業。こうした企業を選別する。その選別した企業の株価変動の波動を分析する。この手法で投資を行う場合には、先に述べた「バイ&ホールド」の手法を用いることも検討に値します。個別株価の波動を分析し、〝最安値水準〟を発掘できれば、買い付け後に長期保有することも有効です。

同じ手法で、これを短中期積極運用で行うことも検討に値します。重要なことは、優良銘柄を選定すること。その優良銘柄の下落局面を狙い、反発局面で売りを行うのです。

考えてみれば単純な話ですが、このような手法をあらかじめ頭の中で整理し、銘柄を選別し、待ち構えて投資をするのと、闇雲に相場で手を出すのとでは、まったく話が異なってきます。

株式投資で重要なことは「休むこと」です。休みなく常に投資を行っている限り、大きなリターンは見込めません。「進むも引くも相場だが、休むも相場」という言葉を念頭に置かねばならないのです。

# 注目すべき株式銘柄



## 3407 旭化成

PER 8.6 倍　利回り 11.6 %　株価 1,017.5円
(2022/11/18)

総合化学。ケミカル、住宅が利益の２大柱。繊維、電子部品、医薬・医療機器など事業は多彩。主力の製剤が好調の医薬や住宅が堅調。1000円割れは押し目買いの好機か。

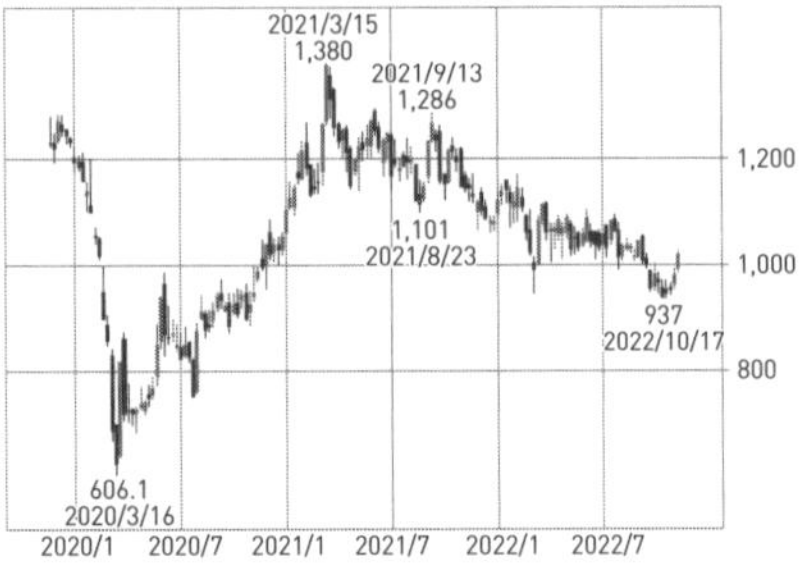


## 4063 信越化学

PER 10.5 倍　利回り 9.5 %　株価 17,200円
(2022/11/18)

塩化ビニル樹脂、半導体シリコンウエハで世界首位。ケイ素樹脂、フォトレジスト等も展開。財務内容良好。円安追い風。原材料高を価格に14000円水準で株価切り返しか。

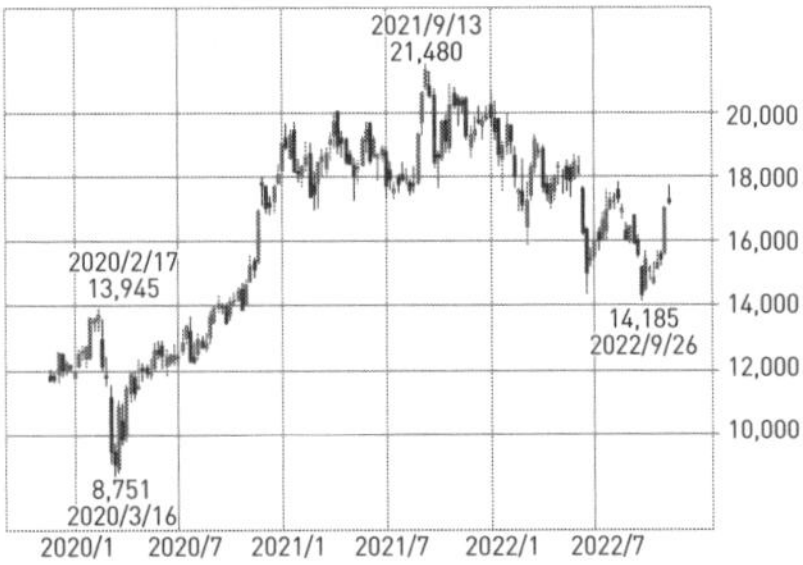


## 4307 NRI

PER 24.3 倍　利回り 4.0 %　株価 3,360円
(2022/11/18)

野村証券系ＳＩ。コンサル、システム開発・運用の一貫体制。顧客は金融機関と流通業が中心。主力の金融ITは証券や保険向け大型システム案件受注積み増し。3000円水準狙い目。

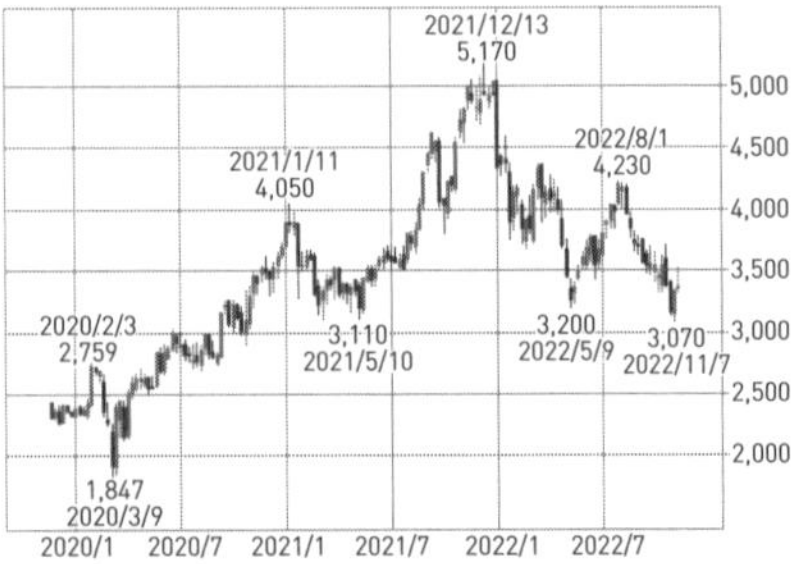

## 4452 花王

PER 23 倍　利回り 4.3 ％　株価　5,491円
(2022/11/18)

トイレタリー国内首位、化粧品でも大手。原料からの一貫生産。独自の物流・販社システムを所有。中国都市封鎖で生理用品など苦戦。原料高騰が想定超。5000円以下狙いたい。

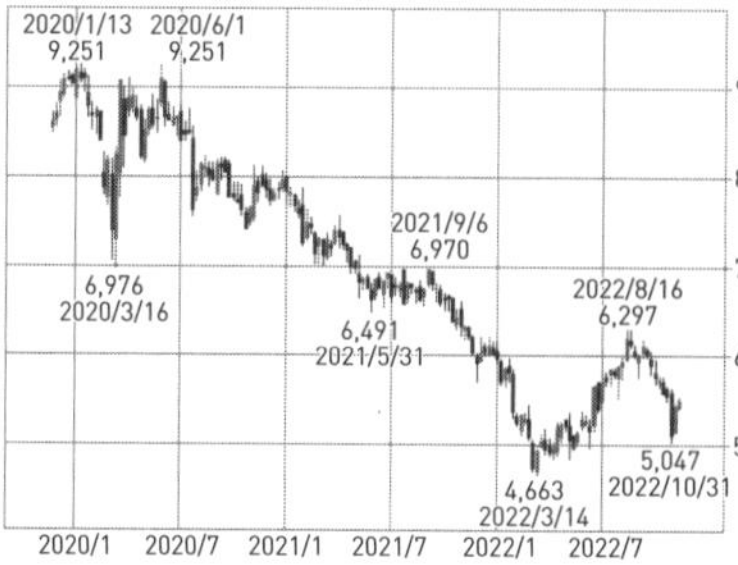


## 4519 中外製薬

PER 15.4 倍　利回り 6.5 ％　株価　3,474.0円
(2022/11/18)

ロシュ傘下で成長を続ける医薬品大手。抗体・バイオで先行、抗がん剤、骨・関節領域に強み。コロナ治療用に政府買い上げの『ロナプリーブ』が大幅寄与。発作性夜間ヘモグロビン尿症向け薬も。押し目好機か。

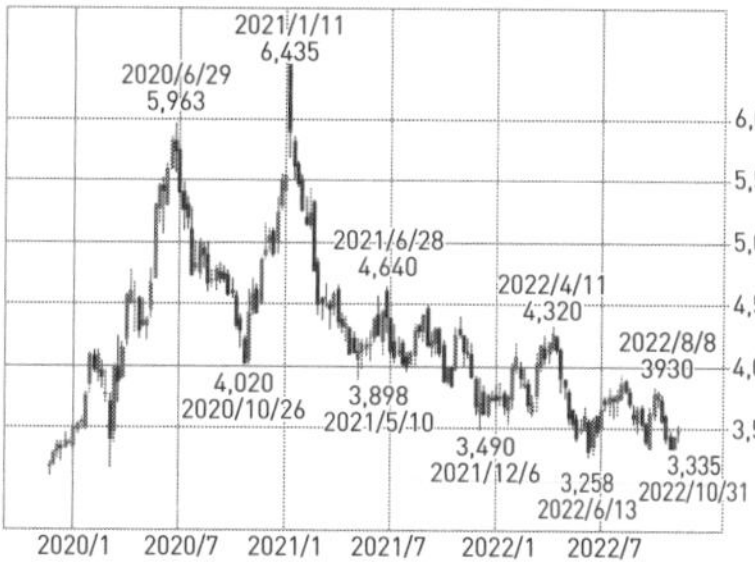


## 4901 富士フイルム

PER 15.1 倍　利回り 6.6 ％　株価　7,334円
(2022/11/18)

写真、医療機器、医薬、液晶フィルム、半導体材料、事務機器展開。医療に注力。成長支柱の医療機器好調。半導体向け電子材料が大幅躍進。『チェキ』は新製品投入奏功でカメラも好調。7000円水準狙い目。

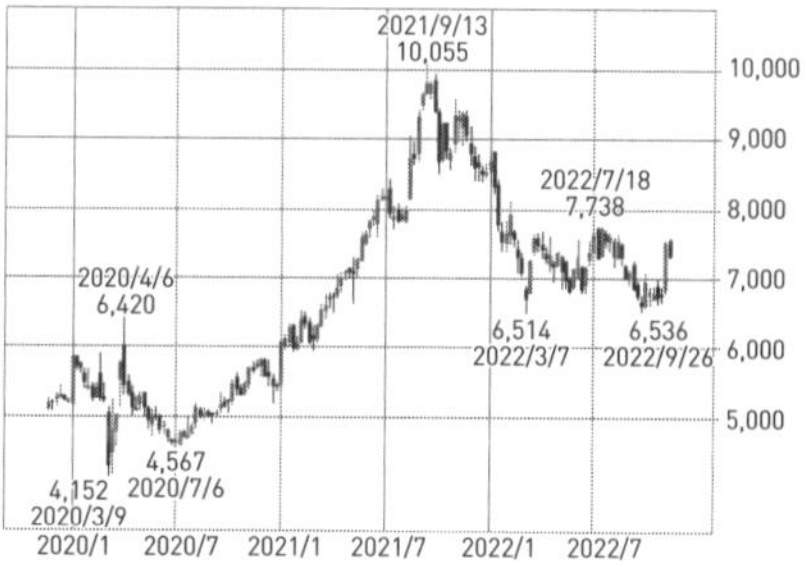

## 5411 JFE

PER 6.2 倍　利回り 16.1 %　株価　1,486円
(2022/11/18)

粗鋼生産国内２位・世界10位台のJFEスチールを中核とする持株会社。商事、エンジニアリングも。自動車減産長期化で需要低調。下値を模索中。ドルコスト平均法での買い下がり戦略も。

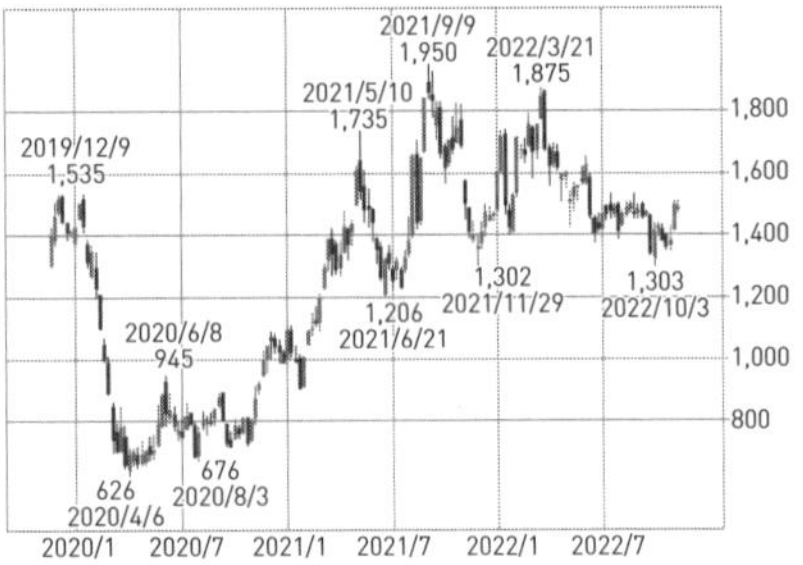


## 5713 住友金属鉱山

PER 8.3 倍　利回り 12.0 %　株価　4,454円
(2022/11/18)

非鉄金属と電子材料が主力。資源開発、製錬に重点投資している。資源、製錬は銅価下落で在庫評価益剥落が響く。ニッケルは数量増、価格上昇で在庫評価益が膨張。4000円絡みは狙い目か。

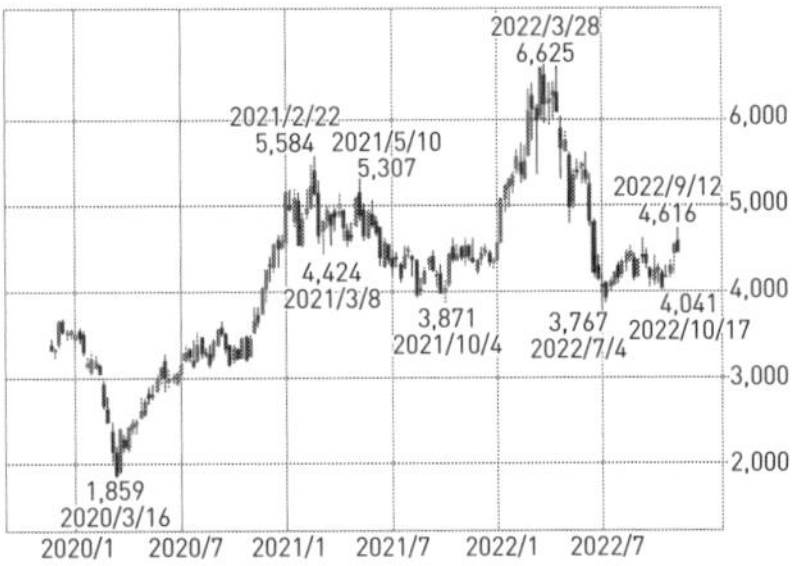


## 6098 リクルートHD

PER 23.1 倍　利回り 4.3 %　株価　4,437円
(2022/11/18)

求人情報検索エンジン『インディード』、生活情報分野の販促・人材メディア、人材派遣の３本柱。前期急伸インディードは徐々に収束も、案件単価は順調増。4000円絡みをじっくり狙う。

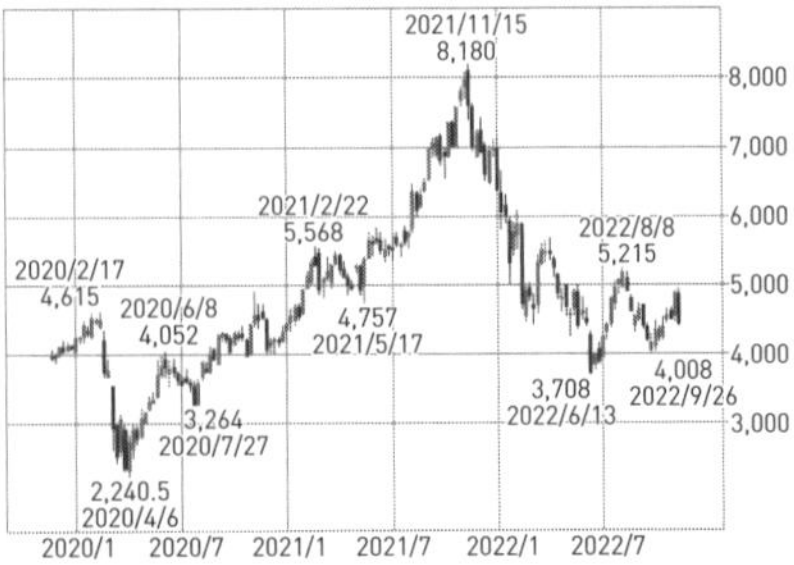

押し目チャンス

**6367** ダイキン工業　PER 26.7倍　利回り 3.7 %　株価 22,530円
(2022/11/18)

エアコン世界首位級。国内は業務用断トツ。M&Aも駆使して各国で存在感。フッ素化学事業も。空調は値上げ浸透の米国市場が伸びを牽引。円安追い風で営業益続伸。20000円接近の押し目狙い。

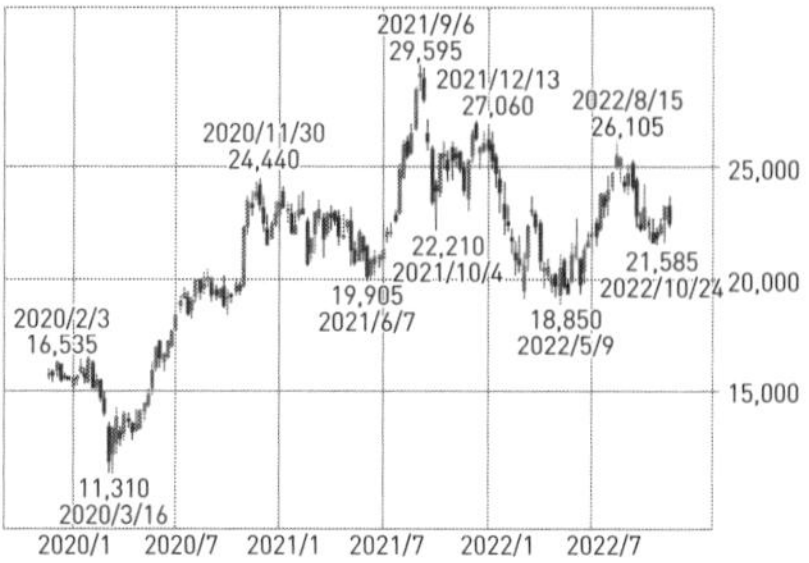


**6571** キュービーネット　PER 19.9倍　利回り 5.0 %　株価 1,385円
(2022/11/18)

低価格ヘアカット専門店『QBハウス』を全国展開、FCも。香港、台湾、米国など海外も強化。客数はコロナ前の９割超戻る。人件費増吸収して営業益復調。押し目買い好機か。

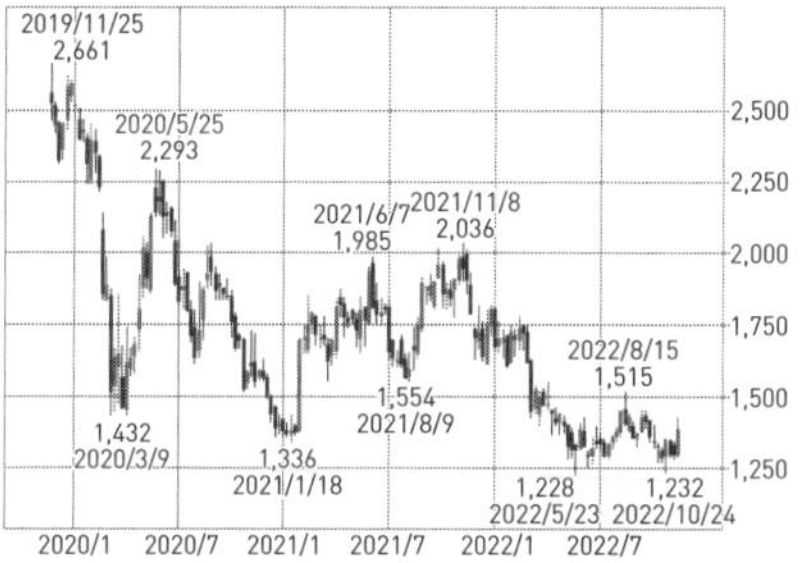


**6971** 京セラ　PER 14.4倍　利回り 6.9 %　株価 6,915円
(2022/11/18)

コンデンサーなど電子部品大手。太陽電池モジュール、通信機器、複写機など多角化経営。好採算の先端半導体向け部品の需要強い。製造装置用セラミック部品やパッケージ伸長。材料価格高騰こなし連続増益、増配。

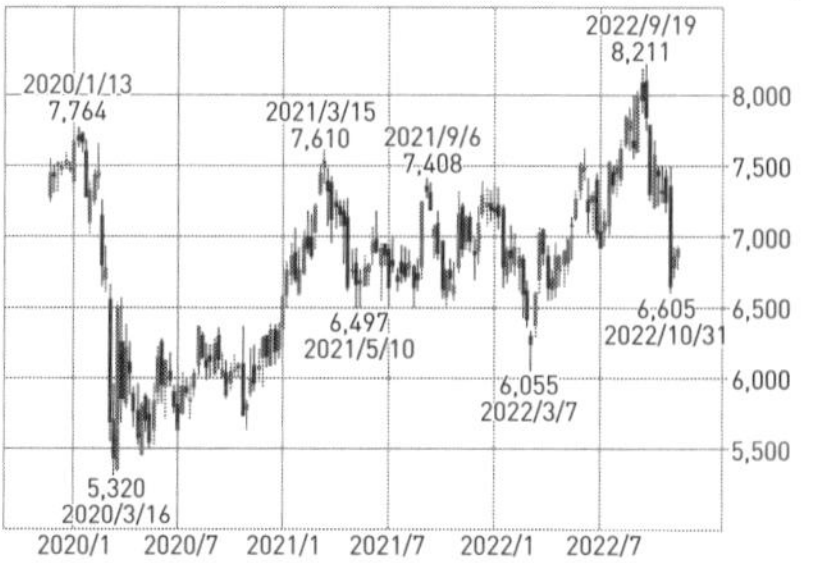

## 7733 オリンパス

PER 25.3倍　利回り 4.0 %　株価 2,726.0円
(2022/11/18)

世界シェア７割の消化器内視鏡など医療分野に集中。デジカメに続き、祖業の顕微鏡も売却へ。主力の内視鏡は消化器内視鏡の新製品軸に伸長。科学事業を米ベインに売却し、医療分野に資源集中。突っ込み局面狙う。

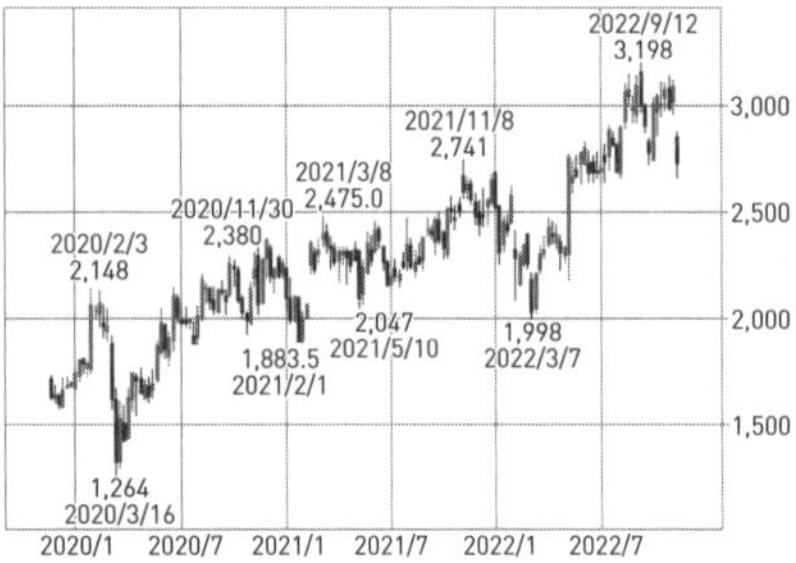


## 9449 GMO

PER 10.9倍　利回り 9.2 %　株価 2,555円
(2022/11/18)

上場子会社９社を持つ総合ネットグループ。インフラ、金融が中核。暗号資産、広告メディアも。収益認識基準適用で広告売上が目減り。暗号資産も失速。ただ決済など主力のインフラが好調。暗号資産絡みの下落局面狙う。

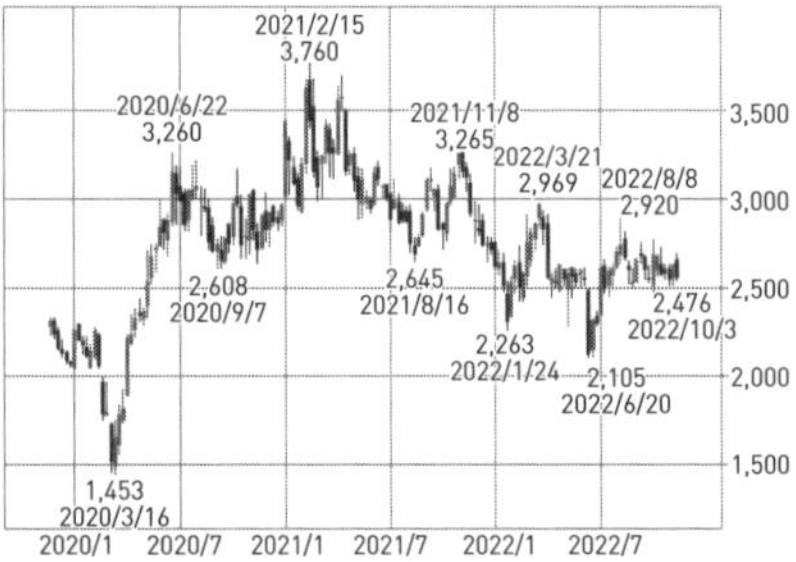


## 9880 イノテック

PER 9.3 倍　利回り 10.8 %　株価 1,290円
(2022/11/18)

半導体設計ツールと半導体テスターが２本柱。子会社で専用LSI設計や車載システム開発も。半導体設計ツールは新規順調。自動車向け組み込み制御開発はエンジン車中心からEVや自動運転など事業領域拡大。1200円絡み狙い目。

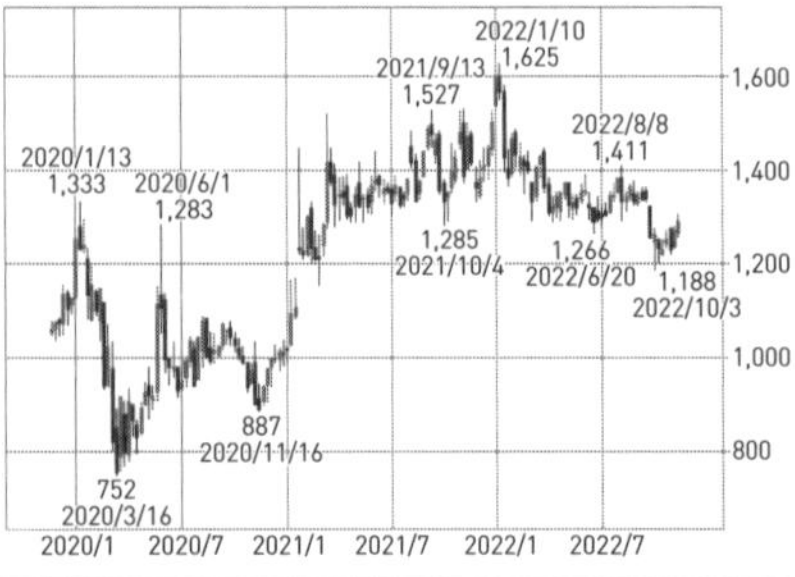

押し目チャンス

**9962** **ミスミグループ** PER 22.3倍 利回り 4.5 % 株価 3,305円
(2022/11/18)

FA・金型部品の専門商社ミスミが中核。Web販売VONA展開。製造機能も。配当性向25％。FAやVONAは半導体製造装置、EV電池関連で好調続く。原材料高、IT投資負担こなし営業増益。3000円絡み狙い目。

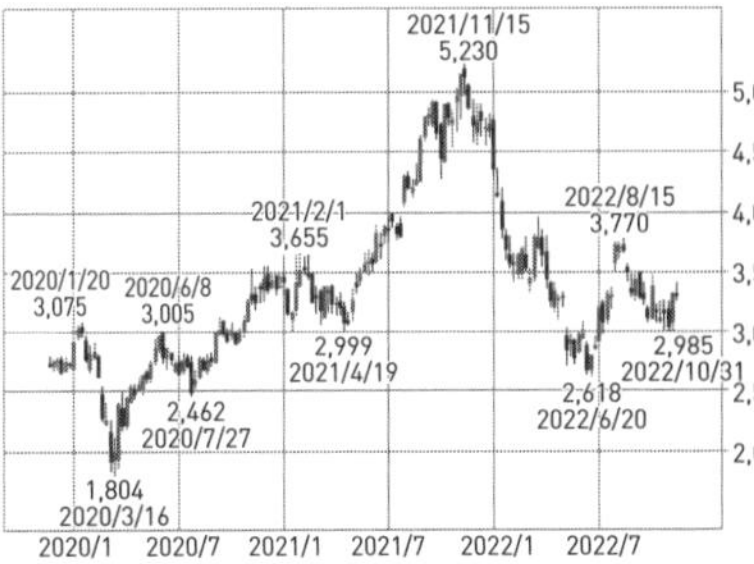


反騰初期

**6857** **アドバンテスト** PER 12.7倍 利回り 7.9 % 株価 8,990円
(2022/11/18)

半導体検査装置で世界大手。非メモリー用中心。DRAM用では首位。システムレベルテストも。検査装置は好採算の非メモリー向けがサーバー用途などで拡大持続。原材料高や人件費増こなし営業益上振れ、増配。反騰局面。

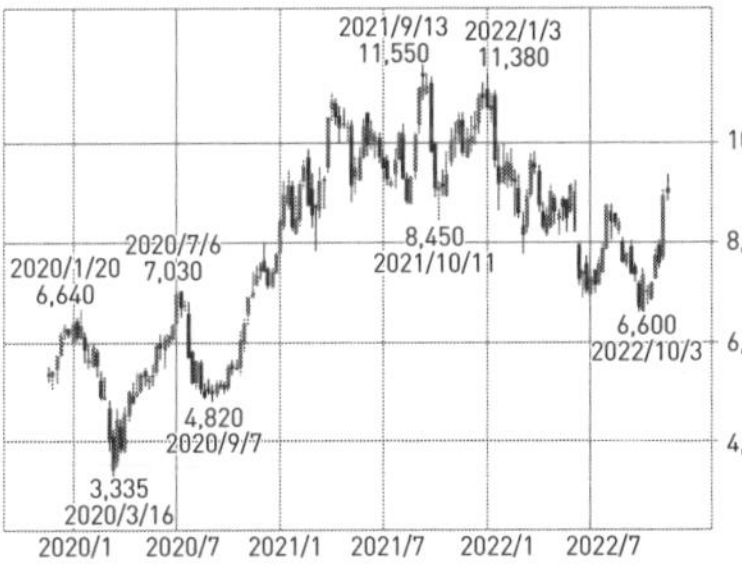


**6890** **フェローテック** PER 7.3倍 利回り 13.7% 株価 3,190円
(2022/11/18)

半導体ウエハや半導体設備向け部品を製造。真空シール世界シェア６割。装置や材料、消耗品も展開。サーモモジュールは５Ｇ向け、パワー半導体基板はＥＶ向け伸長想定超。連続増配。反騰局面初期か。

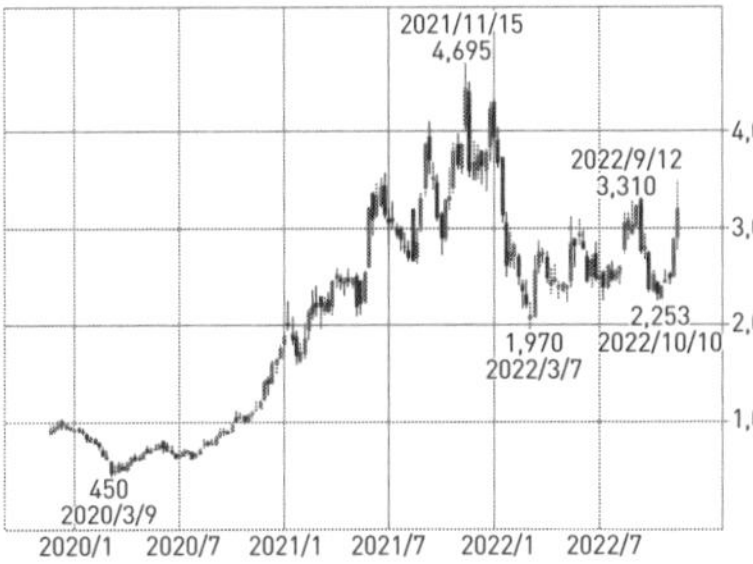

個別材料

**4507** 塩野義製薬　PER 15.5倍　利回り 6.5 %　株価 6,974円
(2022/11/18)

抗HIV薬が大型製品に。感染症、疼痛・中枢神経領域に強み。米国に積極展開。欧州、アジア開拓。国内は多動性障害治療薬伸長。研究開発費高水準でも営業益反発。コロナ治療薬『ゾコーバ』緊急承認。押し目買いを継続。

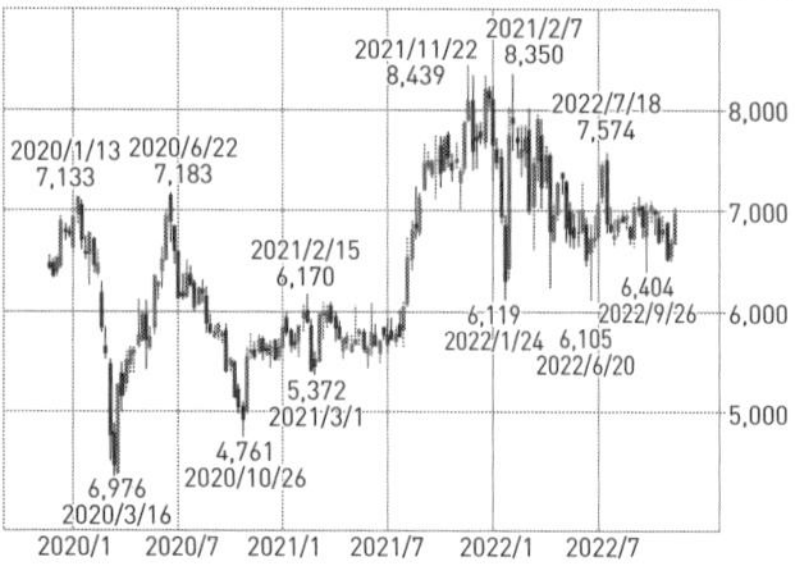


押し目待ち

**4543** テルモ　PER 29.4倍　利回り 3.4 %　株価 3,970円
(2022/11/18)

医療機器大手。カテーテルなど心臓血管分野に強み。医薬品類も。米国、中国などで生産拡大。柱の心臓血管は国内の回復鈍いが、海外はコロナ前水準に需要回復。営業益続伸。増配。株価安値を慎重に見極める。

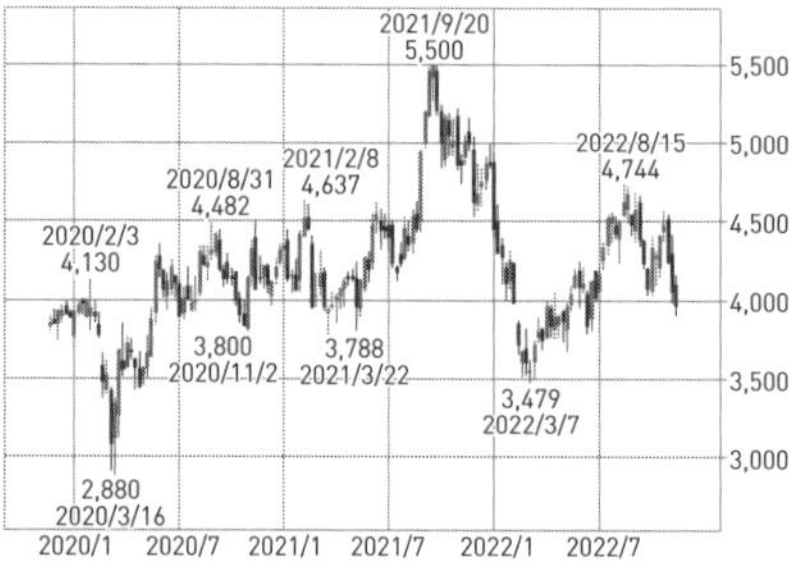


**7267** ホンダ　PER 7.6 倍　利回り 13.2 %　株価 3,333.0円
(2022/11/18)

４輪世界７位で北米が収益源。２輪は世界首位。環境対応を強化。40年までに脱エンジン目標。北米や日本の回復が想定以上。稼ぎ頭の２輪はインドなど復調。円安追い風で営業増益。押し目を丹念に拾う。

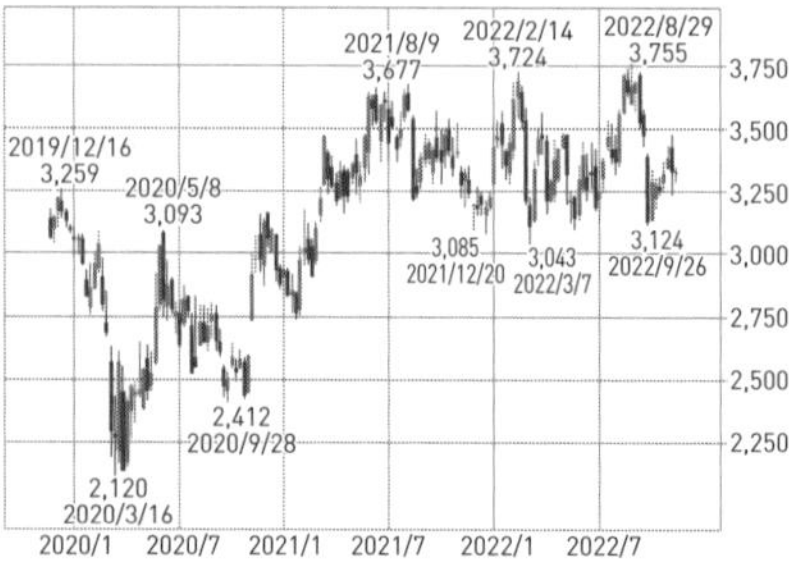

**押し目待ち**

## 8801 三井不動産

PER 13.3倍　利回り 7.5 %　株価 2,669.0円
(2022/11/18)

ビル賃貸主力。マンション分譲、非保有不動産事業を拡大。柱の賃貸は大型新ビルや前期稼働物件が牽引、既存ビルも空室低水準で堅調。ホテル稼働戻り最高純益更新、増配。金利上昇警戒で株価調整。下値見極め。

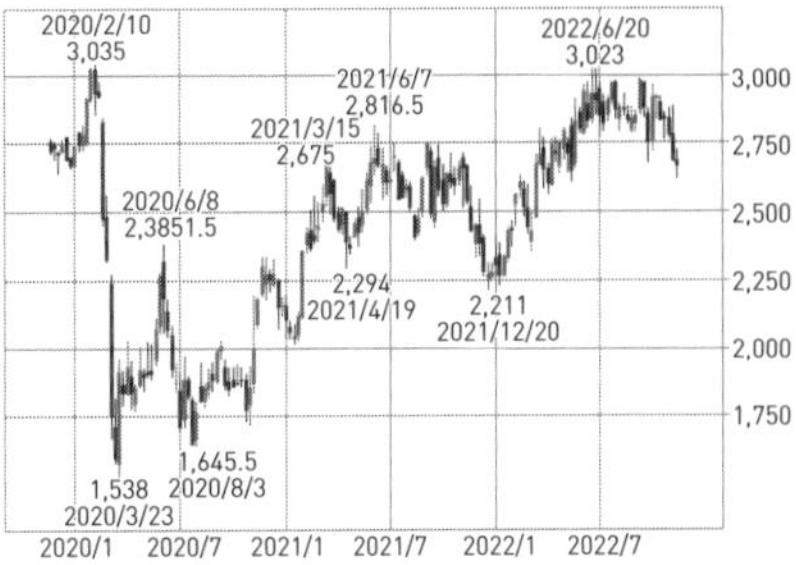


## 9843 ニトリHD

PER 17.3倍　利回り 5.8 %　株価 15,665円
(2022/11/18)

全国トップの家具・インテリア製造小売り。海外に自社工場。傘下にホームセンターの島忠。円安原価高で営業益縮小。円安進行で株価調整が進展。日本円底入れ感から反発局面へ。戻り反動の下落局面を慎重に狙いたい。

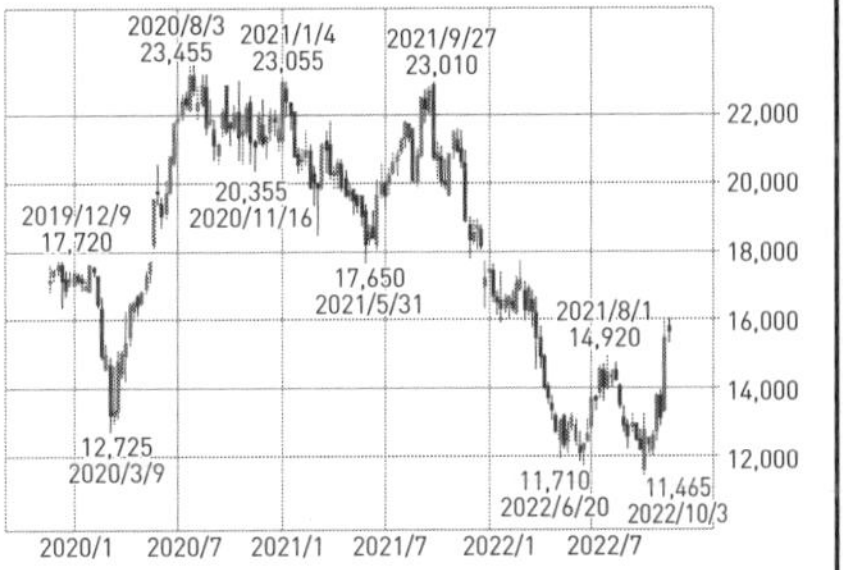


**右肩上がり**

## 3774 IIJ

PER 12.1倍　利回り 8.3 %　株価 2,407円
(2022/11/18)

法人向けシステム構築、クラウド、セキュリティに強い。MVNO大手。好採算法人ネット接続がDX化背景に好伸。SIは官公庁など大型案件の受注積み、システム運用も着実に増加。堅調地合い株価の押し目局面を狙う。

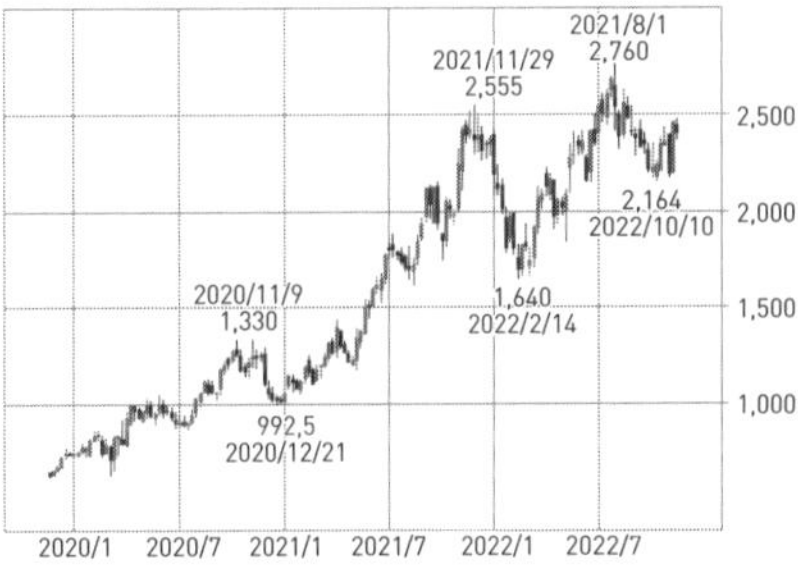


PER＝株価/今期予想一株利益(倍)。ただし、オリンパスについては、22年3月期と24年3月期予想利益の平均値を算出基準にしている。利回りは株式益利回り。

## あとがき

# 禍福はあざなえる縄のごとし

2022年から2023年にかけて、世界の情勢は緊迫度を増しています。

ウクライナでは、実際に戦乱が勃発しました。しかし、その戦乱の背景を探ってみるならば、米国軍産複合体の工作が存在することを見落とせません。戦乱は収束の可能性を保持していましたが、戦乱早期収束を徹底的に妨害したのは、米国軍産複合体でした。ウクライナはミンスク合意を踏みにじり、これがウクライナ戦乱の最大の原因になったのです。

同じ図式で、極東地域で新しい戦争が引き起こされる可能性もあります。米韓が共同軍事演習を遂行し、これに対し北朝鮮が烈火のごとく怒りをぶちまけて、ミサイルを連射してきました。

しかも北朝鮮と韓国の統一協会が連携していたという事実も明らかになっています。米韓が軍事演習を行い、北朝鮮がミサイルを連射することは、米国軍産複合体にとって「願ったり叶ったり」の現象なのです。

日本においても、国防費増強の声が拡大しています。米国製の高額兵器を日本に売り付ける機会が増大しています。トランプ前大統領が朝鮮半島和平を画策したものの、その意図は突き崩されました。米国軍産複合体が妨害した疑いが濃厚です。

現代の戦争は必然によって生じていない、必要によって生じているわけです。問題は、この〝人為的〟に創作される戦争により罪なき市民、最前線に送られる兵士が犠牲になっていることです。

ウクライナだけでなく、イラクに対する米国の侵略戦争においても、10万人から100万人もの一般市民の犠牲者が発生したとみられています。人の命など虫けらとも思わない、残忍な行動を繰り広げているのが米国の支配者、巨大資本＝軍産複合体なのです。こうした現実を踏まえ、現実を見ていくことが必要です。

日本経済は低迷を続け、かつては分厚いとされた中流層が消滅しました。その中で、各個人は生活防衛、自己防衛を果たしていかなければなりません。その1つの手法として、金融投資を位置づけることができます。保有する金融資産を増殖すること。このことによって、生活防衛を実現する。

元を糺せば政府が経済政策を刷新し、すべての国民に保証する最低水準を引き上げることが必要です。しかし、それが実現していない。巨大な予算は編成されても国民の生活のために充てられる資金は限定的で、圧倒的多数部分が〝利権支出〟に消えているからです。

この状況下で、市民は自己防衛を果たさねばなりません。そのための資金運用戦術、戦略を筆者は本書で論じてきました。

本書の指摘を基に、少しでも資産防衛、資産増殖に役立ててもらえれば幸いです。

著者略歴

植草一秀（うえくさ・かずひで）

1960年東京都生まれ。東京大学経済学部卒。大蔵事務官、京都大学助教授、米スタンフォード大学フーバー研究所客員フェロー、早稲田大学大学院教授などを経て、現在、スリーネーションズリサーチ株式会社代表取締役、政策連合（オールジャパン平和と共生）運営委員。事実無根の冤罪事案による人物破壊工作にひるむことなく言論活動を継続。人気政治ブログ&メルマガ「植草一秀の『知られざる真実』」を発行。1998年日本経済新聞社アナリストランキング・エコノミスト部門1位。『現代日本経済政策論』（岩波書店、石橋湛山賞受賞）、『アベノリスク』（講談社）、『国家はいつも嘘をつく』（祥伝社）、『25%の人が政治を私物化する国』（詩想社）、『日本経済の黒い霧』『出る杭の世直し白書』（ビジネス社）など著書多数。
TRIレポートについては下記URLを参照。
スリーネーションズリサーチ株式会社
URL:http://www.uekusa-tri.co.jp
E-mail:info@uekusa-tri.co.jp
ブログ：植草一秀の『知られざる真実』
https://uekusak.cocolog-nifty.com/
メルマガ：植草一秀の『知られざる真実』
https://foomii.com/00050

## 千載一遇の金融大波乱

2023年1月15日　第1刷発行

著　者　植草 一秀
発行者　唐津 隆
発行所　株式会社ビジネス社
〒162-0805　東京都新宿区矢来町114番地 神楽坂高橋ビル5階
電話　03(5227)1602　FAX　03(5227)1603
https://www.business-sha.co.jp

印刷・製本　大日本印刷株式会社
〈カバーデザイン〉大谷昌稔
〈本文組版〉茂呂田剛（エムアンドケイ）
〈編集担当〉本田朋子
〈営業担当〉山口健志


ISBN978-4-8284-2475-0